Georg Kropp

Aus Armut zum Wohlstand

Schriftenreihe des Bauspar-Museums Wüstenrot Bd. 1

Neuausgabe nach der zweiten, erweiterten Auflage von 1926, ergänzt um zum Teil bislang unveröffentlichte Kleinschriften Georg Kropps und seiner Biographie von Eberhard Langer von 1983.

Schriftenreihe des Bauspar-Museums Wüstenrot Bd. 1

Im Auftrag der Gemeinde Wüstenrot herausgegeben von
Gisela Ankele, Bernd Hertweck, Heinz Nägele
und Christoph Seeger M. A.

Georg Kropp
Aus Armut zum Wohlstand

1. Auflage 2012
Gerhard Hess Verlag, 88427 Bad Schussenried
Gesamtherstellung Gerhard Hess Verlag
http://www.gerhard-hess-verlag.de

ISBN 978-3-87336-945-0

Inhalt

Geleitwort des Bürgermeisters — 5

Aus Armut zum Wohlstand — 11

- Vor der neuen Auflage dieses Buches — 13
- Armut — 15
- Notzeiten — 17
- Unsere Nahrungsmittelnot — 20
- Mißachtung eines kostbaren Urstoffes — 42
- Eine Nahrungsmittel und Werte vernichtende Industrie — 54
- Ein unrühmlicher Ruhm — 65
- Ungehobene Schätze — 67
- Die Kleider- und Hausratsnot — 72
- Die Wohnnot oder wem gehört das Land? — 82
- Die Not des Ich — 98
- Wir beide — 119
- Das letzte Kapitel — 124

Kleinschriften — 131

- Zur Vollendung — 132
- Gerechtigkeit — 133
- An Paulinchen — 135
- Sonne des Glücks — 136
- Ein Neues? — 137
- Frau Phrase — 138
- Das Opfer des Pythagoras! — 140
- Heimat und Heim — 143

Des Weibes Klage	144
Volkskalender Der Michel	146
Familienchronik für das Jahr 1919	147
Das Glücksbuch	150
Der Ungeist	151
Ein eigenes Heim	154
Warum ist Wüstenrot Luftkurort?	160

Georg Kropp - Begründer des deutschen Bausparwesens 1865-1943
(von Eberhard Langer) 165

Geleitwort des Bürgermeisters

„Taten, nicht Tinte – Werke, nicht Worte",
Georg Kropps Lebensmotto!

Wer war Georg Kropp? Welche nachhaltig wirkende Lebensleistung hat er vollbracht? Wie ist sein Name mit Gemeinde und Bausparkasse Wüstenrot verbunden?

Wüstenrot als Bausparkasse ist ein international bekannter Begriff. Wenige wissen jedoch, dass der Name auf den Gründungsort Wüstenrot im Landkreis Heilbronn hinweist.

Hier gründete Georg Kropp vor rund 90 Jahren die Bausparkasse „Gemeinschaft der Freunde", die erste dieser Form auf dem europäischen Kontinent und Vorläufer der heutigen Wüstenrot Bausparkasse AG in Ludwigsburg.

Die Idee – besser gesagt, die Vision – Millionen von Menschen ihren Traum vom Eigenheim zu erfüllen, geht auf den am 1. Dezember 1865 im pommerschen Swinemünde geborenen Wüstenroter Ehrenbürger, Schriftsteller, Verleger, Kaufmann, Botaniker und Drogisten Georg Kropp zurück.

In seiner 1920 erstmals publizierten Schrift *Aus Armut zum Wohlstand*, deren erweiterte, 1926 erschienene Zweitauflage wir hier unverändert wieder abdrucken, brachte Georg Kropp zum ersten Mal seine Gedanken zum Eigenheim-orientierten Zwecksparen der Öffentlichkeit zu Papier. „Jeder Familie ein Eigenheim", konnte man seinerzeit auf den Werbeplakaten der Gemeinschaft der Freunde lesen. „Was nützt dem Vogel die Freiheit in der Luft, wenn er keine Stelle für einen Nestbau hat?", dachte er. Denn Kropp war nicht nur eine überaus vielseitig begabte Persönlichkeit, sondern praktizierender Christ mit stark ausgeprägter sozialer Verantwortung. Zeit seines Lebens hat er sich für die „Bodenlosen", damals größtenteils ärmlich lebende Mitmenschen, eingesetzt. Getreu seinem Lebensmotto stellte Georg Kropp bereits 1912 bei einer Großversammlung des Guttempler-Ordens den Antrag, seinen Mitgliedern durch Zwecksparen den Bau von Eigenheimen oder wenigstens Plätzen in Altenheimen zu ermöglichen. Sein Antrag stieß damals jedoch bei den „Ordenskollegen" größtenteils auf Ablehnung.

Gezeichnet von mehreren harten Schicksalsschlägen in seiner eigenen Familie, ging Georg Kropp völlig in seiner Arbeit auf und gründete – zielstrebig und unermüdlich für seine Idee kämpfend – 1921 die Gemeinschaft der Freunde (GdF), aus welcher dann am 16. Februar 1924, nach Überwindung der Inflationszeit, die Bausparkasse erwuchs. Bereits am 7. April 1924 unterzeichnete ein Eisenbahner aus Heidenheim/Brenz den ersten Bausparvertrag. Nur zwei Jahre später waren schon 11.000 Bausparverträge zu verwalten. Die GdF entwickelte sich regelrecht zu einer Institution!

Privates und berufliches Leben von Bausparkassengründer Georg Kropp waren kaum voneinander zu unterscheiden. Morgens wurde das Kroppsche Wohnzimmer in seinem ersten Wüstenroter Domizil in der Haller Straße 3 – dem heutigen Bauspar-Museum – in ein Büro umfunktioniert, wenn Familie mit Mitarbeiter aßen, räumte man Akten und Schreibmaschine beiseite. Außer einem eher bescheidenen Gehalt erhielten die Angestellten anfänglich Kost und Logis frei.

Die Bausparkasse expandierte stark. Mangelhafte Verkehrs- und Postwege sowie der fehlende Wohnraum für die Mitarbeiter veranlassten den Aufsichtsrat, den Sitz des Unternehmens 1930 nach Ludwigsburg zu verlegen. Kropp blieb seiner Wahlheimat treu und ging daher den Weg des Unternehmens nach Ludwigsburg nicht mit, sondern verbrachte seinen Lebensabend in der Gemeinde Wüstenrot, welche ihn 1930 mit der Ehrenbürgerwürde auszeichnete. Sein in schwierigen Zeiten unermüdlicher Einsatz für den Standort Wüstenrot, sowie sein soziales Engagement sollten damit gebührend gewürdigt und honoriert werden. Im Alter von 77 Jahren verstarb Georg Kropp in Wüstenrot im Januar 1943. Im Hinblick auf seine Verdienste um die Gemeinde fand er seine letzte Ruhe in einem Ehrengrab auf dem Wüstenroter Gemeindefriedhof.

Der Gründervater der Bausparkasse geriet bei Bausparkasse und Gemeinde Wüstenrot nie in Vergessenheit. So erinnert heute vor allem das Wüstenroter Bauspar-Museum an seinen unermüdlichen Einsatz.

Genauere Einblicke in seine Biografie liefert das 1983 entstandene Lebensbild Georg Kropps von Eberhard Langer, welches hier in diesem Band ebenfalls neu ediert wird.

Kropps in wirtschaftlich schwieriger Zeit entstandene Idee des Bausparens nach dem Ersten Weltkrieg und der Inflationszeit, sorgte bei gerade auch vielen sozial schlechter gestellten Menschen dafür, dass sie erstmalig Wohneigentum bilden konnten. Nach dem Zweiten Weltkrieg trug seine Bausparidee wesentlich zum zügigen Wiederaufbau nach dem Krieg, sowie zum deutschen Wirtschaftswunder bei. Als Wegbereiter vieler anderer Bausparunternehmen wie Schwäbisch Hall, BHW oder den Öffentlichen Bausparkassen hat sich Georg Kropp einen bleibenden Platz in der deutschen Wirtschaftsgeschichte bereitet!

Wer also war Georg Kropp?

- ein weitsichtiger Visionär, der die Bedeutung des Eigentums an Wohnraum, Grund und Boden für eine soziale und wirtschaftliche Entwicklung rechtzeitig erkannt hatte,

- ein Erfinder und nachhaltig wirkender Unternehmer mit volkswirtschaftlich und sozial wichtigen Impulsen,

- ein vielseitig gebildeter und begabter Generalist, unendlich fleißig, hartnäckig und zielstrebig, trotz vieler Rückschläge und Enttäuschungen,

- ein Natur- und Menschenfreund zugleich, mit offenen Augen und großem Herz und

- schließlich eine willensstarke Persönlichkeit mit hoher gesellschaftlicher Verantwortung, geprägt durch einen tiefen christlichen Glauben.

Wie viele andere bedeutende Persönlichkeiten teilte auch Georg Kropp das Los, oftmals unterschätzt worden zu sein.

Dem möchte die Gemeinde Wüstenrot entgegenwirken. Als Trägerin des seit 1996 bestehenden Bauspar-Museums soll die nun begründete Schriftenreihe Georg Kropps Andenken dadurch pflegen, dass darin bedeutende Dokumente der Bausparsgeschichte neu aufgelegt wie auch neue wissenschaftliche Arbeiten zur Geschichte des Bausparens publiziert werden. Mit der „Magna Charta" des deutschen Bausparwesens, Georg Kropps

Haupt- und Schlüsselwerk „Aus Armut zum Wohlstand" ist die Reihe nun gestartet.

Wir wünschen uns, dass das vorliegende Buch zur sachlichen Information, fundierten Meinungsbildung und adäquaten Würdigung von Georg Kropp wesentlich beitragen wird.

Wüstenrot im November 2012   Heinz Nägele
                                         Bürgermeister

Aus Armut zum Wohlstand

Die Not der Zeit und —
wie wir sie überwinden können

Ein Buch für unpolitische Leute
von
Georg Kropp

Zweite erweiterte Auflage

Eigen-Heim-Verlag
Wüstenrot in Württemberg

1926

Aus Armut zum Wohlstand

Die Not der Zeit und – wie wir sie überwinden können.
Ein Buch für unpolitische Leser

Georg Kropp

Vorüber ist die Zeit der Phrase,
Der schön gefärbten glatten Redensart –
Nur grausam kalte Wirklichkeit
Kann helfen der verderbten Art!
Und tönt's mitunter auch
Wie scharfe Geißelhiebe,
Geschah doch alles – wie ich's schrieb',
- - - - - - aus Liebe!

Von der neuen Auflage dieses Buches.

Als dieses Buch vor sechs Jahren geschrieben wurde, in einer Zeit, da das deutsche Volk darniederlag, zusammengeschlagen, entmannt durch äußere und innere Feinde, da litt ganz Deutschland unter dem ungeheuren Eindruck dieses gewaltigen Zusammenbruchs. Die fürchterlichen Nachwehen des männermordenden Krieges, des Hungerkrieges, ließen alle zittern und zagen, und nur wenigen war es bewusst, was uns helfen könne. Wenn nun dieses Buch in neuer Auflage erscheint, ohne daß an seinem mit wundem Herzen geschriebenen Inhalt viel geändert wurde, obwohl inzwischen so vieles anders geworden ist, so geschah dies, damit jene, die die fürchterlichen Zeiten bewusst erlebten, sich aufs neue dieses elenden Zustandes erinnern und damit die Jugend, der dieses Buch in die Hände kommt, der das Unterscheidungsvermögen für die Vorkriegszeit und für die unmittelbare Nachkriegszeit fehlt, ein wenig von dem merkt, was jene, die klaren Auges die Dinge erschauten, erlebt haben.

Nur ein Kapitel ist dem alten Inhalt hinzugefügt, ein Kapitel, das vielleicht für viele ein Wegweiser zu einem neuen Erleben sein mag.

Fast muß man sich fragen: Lohnt es sich denn, über diese Dinge zu schreiben? Ist nicht das deutsche Volk, sind nicht die Völker der alten Welt tief innerlichst so zerrüttet, sind sie nicht gerade in ihren Führerschichten vielfach so erbärmlich geworden, daß vielleicht jene recht haben, die da meinten, es wäre besser, alles zu zerschlagen, alles zerfallen zu lassen, nachdem wir von allen, die sich Führer nannten, ob sie in der Vorkriegszeit oder in der Nachkriegszeit Führer zu sein meinten, so in die Irre geführt wurden, daß jetzt nur noch ein geiles, unwürdiges Lustgeschlecht übrig geblieben ist, zu weiter nichts nütze, als auf brodelnder, zitternder, unsaubere Dämpfe ausstoßender Oberfläche zu tanzen, bis alles zusammenbricht, bis die Lava eines ausbrechenden Vulkans, bis ein Taifun des Volks- und Völkererlebens alles zerstört.

Vielleicht ist dennoch, trotz dieser Hoffnungslosigkeit, trotz allem Irrwahns, trotz aller Verworrenheit, ein Ansatz zu etwas neuem vorhanden, vielleicht bildet dieses Büchlein für wenige oder für viele den Anstoß, die Anregung zu neuem Glauben, zu neuem Hoffen, zu neuer Liebe.

Armut.

Armut! – Man hat uns gelehrt, Armut sei keine Schande. Nein, das ist sie nicht, wenigstens in den meisten Fällen nicht für die, die da arm sind. Gibt' aber Arme in einem Volke und zwar in solcher Zahl, daß wie von einer Krankheit die größere Masse des Volkes von einer Armut befallen wird – gibts arme Völker unter solchen, die den Reichtum an sich gerissen, dann ist das der Beweis dafür, daß irgendetwas nicht in Ordnung ist, denn unsere Heimat „Erde", der Wohnplatz der Menschheit, bietet Menschen ohne Zahl – es könnten ihrer noch unendlich viel mehr sein, als es heute sind – in unermeßlicher Fülle alles das, was zum Leben notwendig ist und noch viel mehr als das, wenn wir Menschen es nur verstünden, alle die wunderbaren Gelegenheiten richtig, wohlgemerkt „richtig" auszunutzen, die sich uns auf Schritt und Tritt aufdrängen.

Die Völker Mittel- und Osteuropas sind arm geworden, unendlich arm. Das merken jene nicht, denen vor Reichtum die Säcke bersten. Das merken jene nicht, die künstlich geschaffenes Papiergeld für bare Münze nehmen und sich an hohem Einkommen oder hohen Löhnen berauschen. Diese entsetzliche Armut ist den Massen der Völker noch nicht zum Bewußtsein gekommen, weil sie auf herzlich unbeholfene, man möchte sagen, kindliche oder kindische Weise sich über diese Armut hinwegtäuschen und meinen, so ihre Folgen beseitigen zu können.

Aber diese Armut ist da, und mit ihr eine Reihe von Nöten, von Zeitnöten, die wie die Früchte eines Baumes am Leben der Völker jetzt reifen und reif geworden sind. Nur wenn wir die Nöte dieser Zeit und ihre Ursachen richtig erkennen, wenn wir einmal alles dahinten lassen, wenn wir aufwachen, um mit klaren Augen die Dinge so zu sehen, wie sie wirklich sind und nicht so, wie wir sie in anerzogener Weise gewohnt waren, uns vorzustellen, werden wir Mittel und Wege finden, Not und Armut zu überwinden.

Haben wir aber die Verhältnisse erst einmal richtig überschaut, sind uns die Zeitnöte mit ihren Ursachen richtig klar geworden, dann werden alle, denen diese Erkenntnis wurde, solche Wege einschlagen können, die sie herausführen aus dieser Armut, solche Wege, die zu einem rechten Wohlstand führen. Ja noch mehr, wenn – lieber Leser – diese Erkenntnis für Dich mehr, als zu einem Erkennen und Können, wenn sie für Dich zu einem Erleben wird, dann wirst Du ein vollkommenes Glück finden.

Ich will kein wissenschaftliches Buch schreiben, beileibe nicht. Ich möchte ein Buch schreiben des Sehens, des genauen Betrachtens. Da werde ich Dir manche Dinge vor Augen führen, von denen Du vielleicht zuerst meinst, sie gehören nicht zur Sache; da wird mancher Gegenstand von verschiedenen Seiten betrachtet werden und ich werde mich vielleicht hie und da wiederholen. Laß das für Dich nicht von Schaden sein – und nun komm – untersuchen wir miteinander jene Erscheinungen, die ich als Zeitnöte bezeichnet habe, damit – so es sein kann – Du und ich herauskommen aus dem Zustand der Armut.

Es könnte aber auch sein, dies Buch fällt Lesern in die Hände, die auf besondere wissenschaftliche Bildung Anspruch erheben. Diese mögen es auffassen als einen Beitrag zu Fragen der Volkswirtschaft und mögen sich gesagt sein lassen, daß volkswirtschaftliche Fragen nicht nur eine Rechenaufgabe, einen Ausgleich zwischen plus und minus darstellen, sondern, daß zur Lösung volkswirtschaftlicher Fragen in die Rechnung verschiedene Unbekannte im arithmetischen Sinne, das heißt Imponderabilien, unwägbare und unmeßbare Größen eingestellt werden müssen, soll die Gesamtwirtschaft eines Volkes eine solche werden, daß das Endergebnis ein befriedigendes ist.

Notzeiten.

Leben wir denn in Notzeiten? Mitunter möchte man der Ansicht werden, es gebe in Deutschland keine Not. Eine nicht kleine Schicht der Bevölkerung, eine Schicht, die sich aus allen Erwerbsklassen zusammensetzt, scheint tatsächlich nichts von Not zu spüren.

Sie haben sich wie an etwas Unvermeidliches, an gewisse Änderungen in der Lebensweise gewöhnt, Gehalt- und Lohnsteigerungen von nie geahnter Höhe auf seiten der einen, Verdienstmöglichkeiten auf seiten der andern, bei denen die Skrupellosigkeit über die Art des Verdienstes wetteifert mit dessen schwindelndem Ausmaß, ermöglicht es einer durchaus nicht kleinen Zahl unserer Volksgenossen, besonders den Ehelosen, ein Leben in dulci jubilo zu führen.

Das gleiche ist wohl in ganz Mitteleuropa und darüber hinaus der Fall, nur daß in den Siegerländern die Schichten der Notleidenden hoffen dürfen, daß ihre Notlage durch die Vergeltungsmaßregeln an den Besiegten gelindert werden wird.

Alle jene, denen die neuen Verhältnisse Vorteile brachten, wissen natürlich nichts von Not, und wo es ihnen an der Befriedigung irgend eines Bedürfnisses fehlt, da kosten sie als Ersatz auf andere Weise das Leben aus bis zu des Bechers Neige. Da tritt dann an Stelle der Befriedigung eines wirklichen Bedürfnisses das schrankenlose Genießen, ein Genussleben in Vergnügungen ohne Zahl. Geile Gier nach eigener Lust und krasseste Selbstsucht ist bei allen solchen die Triebfeder zu ihrem Tun und Lassen. Sie sehen und fühlen und merken in ihrem Taumelleben nichts von der Not, die von den schier unerschöpflichen Nöten, unter denen die deutsche Familie, das deutsche Volk, die Völker Mitteleuropas nahezu zusammenbrechen.

In die Erscheinung tritt für gewöhnlich nicht die Not, sondern nur der Glanz, den das Genussleben um sich verbreitet, und ach – nur zu viele, die wahrhafte Not leiden, denken auch weniger an die rechte Beseitigung der Not, *ihrer* Not, als daran, wie auch sie recht bald an diesem Leben scheinbar endloser Freuden sich beteiligen möchten.

Die rechte, echte Not aber ist schamhaft, die zieht sich in sich selbst zurück, die prahlt und marktet nicht nach außen. Wenigstens solange nicht, als sie noch etwas hat, ihre Blöße schamhaft zu verdecken. Wie lange aber wird das noch dauern? – Wie lange noch wird es währen, bis eine schamlose Ausbeutungssucht uns das letzte Hemd, den letzten wollenen Strumpf, den letzten ledernen Stiefel genommen oder seine Anschaffung unmöglich gemacht hat? –

Wenn es so weit kommt, und es ist in vielen Fällen nicht weit davon, dann wirft der Arme die Scham ab. Dann sprengt er die Fesseln, die fein ausgeklügelte Selbstsucht um ihn gesponnen, dann beginnt ein Kampf aller gegen alle, als gellende Dissonanz, als schauerlicher Ausklang einer Zeit der Vernichtung aller Werte.

Um Auswege zu zeigen, um Linderungen zu ermöglichen, ist die nachfolgende Schrift geschrieben. Nicht um *„Recht" zu haben* mit jedem einzelnen aufgestellten Satz, sondern um den einzelnen und viele solcher Einzelnen als Masse Wege der Gerechtigkeit zu führen. Die Schrift ist geschrieben, um zu zeigen, *daß wir Menschen, soll es anders werden, lernen müssen, nicht mehr von- und gegeneinander, sondern mit-, ja noch viel mehr „füreinander" zu leben.*

Und warum sage ich im Titel, daß dies kleine Buch für unpolitische Leute verfasst ist? – Weil nach des Verfassers Meinung die Parteipolitik jene zum Teil wirtschaftlichen, zum Teil sittlichen Aufgaben, um die es sich handelt, gar nicht lösen kann, denn die Politik der einzelnen Parteien hat andere Ziele, andere Aufgaben.

Ebensowenig ist vom Staat, oder von der jeweiligen Regierung Abhilfe zu erwarten, weil Staat und Regierung infolge der vielen rein politischen Aufgaben ganz außerstande sind, wirtschaftliche Fragen für die Gesamtheit *so zu lösen, daß ein jeder befriedigt wird.* Wir müssen uns überhaupt von dem Irrwahn befreien, als vermöchte irgend eine politische Einrichtung Verhältnisse zu schaffen, die *für alle*, ohne Rücksicht auf ihr persönliches Tun und Lassen, einen Zustand des Glücks herbeiführen könnten.

Rettung aus mannigfachen Nöten unserer Zeit kann nur denen und durch jene werden, die sich völlig klar darüber sind, daß alles das, was wir einst besaßen, *endgültig* verloren ist, daß das, was einst war, in der alten Form *nie mehr* wieder werden kann.

Rettung kann allen denen, die diese Erkenntnis sich zu eigen machen – *und zwar nur diesen* – und *durch diese* werden, wenn diese Gleichgesinnten unter zielbewußter Führung sich zu einer tatkräftigen, planmäßig aufgebauten und durchgeführten „Selbsthilfe" zusammenschließen.

Wo eine solche Selbsthilfe einsetzen kann, wo sie nötig, möglich und angebracht ist, das werden die verehrten Leser herausfinden, wenn sie mit mir gemeinsam nun in den nachfolgenden Kapiteln die verschiedenen wichtigsten Zeitnöte, die Nahrungsnot, die Kleidernot, die Wohnnot und noch einige andere Nöte mit ihren Ursachen, an denen wir nicht selten selbst beteiligt sind, durchstudieren.

„Willenskraft – Wege schafft", ist ein alter Wahrspruch. Haben wir erkannt, worum es sich handelt, dann sollten nicht alle, aber doch eine gewisse Auslese, den Willen aufbringen, um die vorgezeigten neuen Wege zu beschreiten – *aufwärts zu neuem Streben, zu neuem Leben und zu neuem Glück!*

Unsere Nahrungsmittelnot.

Hunger – ein schreckliches Wort – ein Gespenst, das sich mit gierigen Krallen über dich beugt. – Hast Du ihn, lieber Leser empfunden, wie der Schreiber dieses, der im Winter 1916/17 so manche Nacht mit jenem quälenden Gefühl im Bette lag, um, wenn dies Wehleid durch nichts zu bezwingen war, leise in die

Küche zu schleichen, ob er nicht eine Kruste Brot oder eine kalte Kartoffel fände, damit dieses Wühlen im Leibe ein wenig gestillt würde. Hast Du, lieber Leser, im Spätsommer und Herbst 1916, als außer Brot und Kartoffeln noch keine Nahrungsmittel, vor allem kein Fett rationiert war, es erlebt, daß deine Familie von fünf Köpfen, in vier Monaten als Fett nur ein Pfund Butter hatte?

Ja, so war's! – Wir gehörten zu denen, die *durchhalten* wollten, die jenes Zusammengehörigkeitsgefühl für das Volksganze hatten, daß sie es verschmähten, auf Kosten anderer *ein Mehr* haben zu wollen. Auch wohnte ich damals in einem Orte, in dem das Hamstern zu jener Zeit noch nicht Sitte und es nicht jedermanns Sache, auch oft gesundheitlich unmöglich war, nicht selten unter Anrempelungen in stundenlangem Stehen vor den Läden sich Butter oder andere Nahrungsmittel zu erkämpfen.

Täglich wurde das Brot, das dem einzelnen Familiengliede zustand, ebenso wie die Kartoffeln abgewogen, damit ja nicht mehr verbraucht wurde, als jedem zukam, denn wir hatten ja doch noch mehr wie mancher andere. Aus einem großen gepachteten Garten stand uns im Jahre 1916 ziemlich Gemüse und Obst zur Verfügung, und dennoch reichte diese fast ganz fettlose und nahezu fleischlose Kost trotz fachgemäßester Zubereitung nicht aus, um den Hunger zu stillen.

Und die Folge? – *Nun*, ein halbes Jahr später wurde mir die treue Weggenossin, die ich seit den jüngsten Kindheitstagen schon kannte, mit der ich nahezu fünfundzwanzig Jahre in leidvollfreudvoller Ehe vereint war, von einem durch die Hungerkur zum Ausbruch gekommenen Leiden entrissen, nachdem fünf Wochen vorher die hochbegabte, ach so viel versprechende älteste Tochter, noch nicht vierundzwanzig Jahre alt, der Mutter nach fünf Monate langem Leiden voraufgegangen war, weil dem Leiden infolge der mangelnden Nährmittel, Fett und Milch kein Halt geboten werden konnte. Dabei waren beide in ihrem ganzen Leben kaum je krank gewesen.

Hast Du, lieber Leser, schon erlebt, daß Dir jene in unerbittlichem Leiden rettungslos dahinsiechten, die zu den Liebsten gehörten, die Dir auf dieser Welt als treue Kameraden geschenkt waren? – Hast Du schon machtlos solchem Siechtum gegenübergestanden? Hast Du schon so eine treue Seele im Arm gehalten, um zu erleben, wie das Leben des andern unaufhaltsam entflieht, bis müde und matt und zuletzt kraftlos ein geliebtes Haupt an Deiner Brust herniedersinkt, um sich nie mehr zu erheben? –

Und das alles, weil ein unerbittlich grausamer Feind Dir und den Deinen die notwendigsten Nahrungsmittel vorenthielt, und – weil die eigenen Volksgenossen nicht ihre Pflicht taten.

Warum ich das schreibe? – Ei, jene beiden gehörten zu jenen über 600.000 Deutschen, die in der Kriegszeit daheim im Vaterland infolge mangelnder Ernährung frühzeitig ihr Leben lassen mußten, und zu jener vielleicht noch größeren Zahl, die in den nächsten Jahren nach dem sogenannten Friedensschluss aus dem gleichen Grunde in der Blüte der Jugend frühzeitig geknickt oder nicht die Fülle des Alters erreichen werden, das unter günstigeren Lebensverhältnissen ihnen beschert gewesen wäre.

O, es fällt schwer, nicht bitter zu werden, fällt unendlich schwer, sich nicht in zornigem Hohn gegen jene zu vergehen, die dem deutschen Volk, der früheren deutschen Regierung aus dem Unterseebootkrieg einen Vorwurf machen wollen. Der Unterseebootkrieg war in seinen Folgeerscheinungen ein Kinderspiel gegen den teuflischen Massenmeuchelmord der am deutschen Volk verübt worden ist.

Warum ich dies Kapitel in dieser Weise beginne und solche ganz persönlichen Erlebnisse hier verzeichne? – Es geschieht, damit Du lieber Leser merkst, daß nicht ein Kathedermann zu Dir spricht, der scheinbar unpersönlich von der hohen Warte strenger Wissenschaft und zahlenmäßiger Statistik zu Dir redet, sondern ==ein Mann, der das, was er zu sagen hat, auch mit seinem ganzen Sein, mit seinem Fühlen und Denken aufs Allerlebendigste erlebt== und doch gewissenhaft überlegt hat.

In solchen dunklen Tagen und noch viel schwärzeren Lebensnächten, da wird nicht, wie manche wähnen oder wie es bei manchen der Fall sein mag, das Auge trübe, und das Gefühl wird nicht stumpf –, sondern da schärft sich das innere Leben zu einem nahezu übersinnlichen Erfassen. Da tun sich Zusammenhänge auf, die dem, der nicht von der Hand des Leidens geführt, dem nicht die Decke des Alltags von den Augen genommen wurde, verborgen waren.

Vielleicht mußte mir dies so harmonische Glück zerstört werden, damit die Augen mit unerbittlicher Schärfe sahen, wie es hätte sein können, um vielleicht solchen, die nach uns kommen, ein sicheres, vollkommeneres Glück verschaffen zu helfen. In solchen Tagen gewinnt auch früher Erlebtes neue Gestaltung und neue Bedeutung. So kam es denn, daß auch meine Gedanken in jener

Leidenszeit nahezu fünfzig Jahre zu einem Erlebnis der Kindheit zurückgingen.

Es war in Danzig, mein Vater – Schiffskapitän – war bei seinem Schiffshändler, dem Lieferanten für den Schiffsproviant und anderen Schiffsbedarf, an Land gewesen. Dem letzteren war beim Frühstück ein belegtes Stück Butterbrot vom Tisch gefallen, und der Kaufmann hatte es verächtlich mit dem Fuß bis unter einen Schrank geschleudert. Ganz entrüstet erzählte mein Vater bei seiner Rückkunft an Bord dies Erlebnis.

Unvergesslich wird mir seine Mahnung sein, nie ein Stückchen Nahrung, nie eine Krume Brot achtlos zu vergeuden, denn kein Mensch könne auch nur ein einziges Getreidekorn schaffen, und es sei kaum eine größere Versündigung, als die, irgendwelche Nahrung umkommen zu lassen, zu vergeuden oder gar Brot mit Füßen von sich zu stoßen.

Diese Erinnerung aus Kindheitstagen, wachgerufen durch das traurige Erleben, wurde bekräftigt durch so manche Erfahrung, die ich in den Tagen des Leidens machen mußte.

Im Herbst 1916 kommt ein junges Mädchen, das früher im gleichen Hause bedienstet war, mit einem kleinen Päckchen und sagt, sie wolle dies für den „Jimmy" bringen (das war unser Hund gewesen, der aber wegen der Nahrungsmittelnot abgeschafft war). Und was war in dem Päckchen? Etwa ein Pfund gekochtes Ochsenfleisch. Von ihrer Herrin, der Frau eines hohen städtischen Beamten, hatte sie Auftrag, dies für Suppe abgekochte Fleisch in den Abfall zu werfen, so würde es dort immer gemacht, sie könne dies kaum übers Herz bringen, deshalb solle es wenigstens der Hund haben.

Mein Büro war in einer Nachbarstadt, die etwa in einer halben Stunde Bahnfahrt zu erreichen war. Ich erzählte meinen Angestellten den Vorfall; darauf berichtet eine meiner jungen Schreibmaschinengehilfinnen, daß sie daheim für ihre Stallhasen den Abfall aus dem Hause eines höheren Angestellten einer großen Fabrik bekäme, und darin sei häufig so viel des Guten noch enthalten, daß die Mutter aus dem Abfallgemüse noch ganze Mittagessen bereite; neulich sei ein vertrocknetes Stück Schweizer Käse von mindestens einem halben Pfund Gewicht darin gewesen.

Obwohl ich noch weitere Beispiele maßloser Verschwendung von Nahrungsmitteln, auch solche, die nicht in den sogenannten besseren Kreisen vorkamen, erzählen könnte, mögen diese zwei aus der Heimat genügen, um zu zeigen, welch mangelnde Achtung man selbst im Kreise der Familie vor den Nahrungsmitteln trotz der drohenden Not hatte.

Von jener Nahrungsmittelvergeudung aber, die laut vielen mir gewordenen Berichten in den ersten Jahren des unglückseligen Krieges draußen beim Heer und in der Etappe vielfach getrieben wurde, will ich nichts sagen, darüber mögen jene berichten oder sich Rechenschaft ablegen, die sie miterlebten.

So wurden vor dem Kriege und im Kriege ganz beträchtliche Mengen Nahrungsmittel vergeudet, und noch heute kommen Unmengen von Abfallnahrungsmitteln, die zu Futterzwecken dienen könnten, in kleineren und mittleren Orten, wo es den

Leuten noch gut geht, um. Ja – noch mehr als das – noch heute duldet das deutsche Volk eine Industrie, die ihrem ganzen Wesen nach als eine Nahrungsmittel- und Wertevernichtende bezeichnet werden muß, worüber an späterer Stelle geredet werden wird.

Haben wir etwas bei der Erzeugung unserer Nahrungsmittel im Inland versäumt?

In einer Geschichte der Reichsversorgungsstelle für Gemüse und Obst von Dr. Albert Bovenschen (Deutscher Schriftenverlag, G.m.b.H., Berlin) bringt der Genannte eine Reihe von Tatsachen, aufgrund deren er feststellt, daß unsere landwirtschaftliche Kriegsvorsorge durchaus ungenügend war. Dabei war es nach seinen Angaben eigentlich nur ein verhältnismäßig kleiner Bruchteil, der schließlich an einer völligen Selbstversorgung fehlte. Dieser Beobachtung mfg folgendes hinzugefügt sein:

Dadurch aber, daß viele den bestehenden Verordnungen sich nicht unterwarfen, dadurch, daß ganze Landesteile sich nur scheinbar ihnen fügten, im übrigen aber lebten, als sei alles beim Alten – dadurch, daß weite Gruppen bei der Nahrungsmittelversorgung und nur zum Teil mit Recht bevorzugt wurden – und gerade diese beiden letzteren kaum Notleidenden waren es, die oft am lautesten schrien-, dadurch wuchs die Not für jene, die entweder treu zum Volksganzen hielten und für solche, die den Verhältnissen machtlos gegenüberstanden ins maßlos Unerträgliche.

Jetzt nach dem Krieg ist der Zustand der, daß jede Umgehung einer Verordnung auf dem Gebiete der Nahrungsmittelversorgung oder der Beschaffung von irgendwelchem Lebensbedarf als berechtigt erscheint. Die Fülle der Verordnungen hat unser Gewissen erdrückt, und ein jeder sorgt für sich. Jeder Volksgenosse ist zum heimlichen Feind des anderen geworden, und bei nicht wenigen ist der Unmut zum Zorn, die Habgier zur Raubgier, das Gefühl über die Ungerechtigkeit zur Rache schnaubenden, zerstörungswütigen Leidenschaft geworden.

Soll es so bleiben? – Wollen wir in den uns bevorstehenden Jahren der Entbehrung und Not einander zerfleischen oder soll eine Erneuerung unseres Sinnes, eine Umkehr erfolgen? Ist es nicht höchste Zeit, daß wir, die wir uns als Volk selbst verloren haben, uns nun wieder auf uns selbst besinnen, daß wir aufhören, einander zu beargwöhnen, zu verdächtigen, zu verhetzen? – Ist's nicht hohe Zeit, daß wenigstens diejenigen, die dieses unseligen Treibens müde sind, diejenigen, die nicht weiter einer blinden Ausbeutungswut zum Opfer fallen wollen, sich zusammenschließen, daß sie eine große Gemeinschaft solcher bilden, die um des gerechten und erstrebenswerten allgemeinen Vorteils willen auf den ungerechten eigenen Scheinvorteil verzichten? – Ich möchte Wege aus unsern Nöten zeigen, aber nur jene werden sie gehen können, die da wollen, die aufrichtig das Gute wollen.

In dem vorerwähnten Buche „Gemüse und Obst" wird uns manches erzählt, das uns Fingerzeige geben könnte, wie wir in Zukunft unsere Nahrungsmittelversorgung sicherer gestalten, wie wir sie vollkommener und vor allen Dingen vom Ausland unabhängiger machen können. Ja – wir müssen diese Unabhängigkeit vom Ausland mit Bezug auf das, was wir essen und trinken wollen, erringen, nicht um in einem zukünftigen Krieg wieder Millionen in einen blutigen Tod zu führen, nicht um daheim durchhalten zu können, auch nicht um auf dem Wege der eigenen Unabhängigkeit, in einem von ach so vielen Deutschen wie vom Ausland falsch verstandenen Sinne „Deutschland, Deutschland über alles" zu singen und uns als Weltlehrer oder gar als Weltherrscher zu träumen.

Ach nein – wir haben vorläufig noch bei uns selbst unendlich viel zu lernen und mit unseren eigenen, so verfahrenen Angelegenheiten genug zu tun. Wir müssen vielmehr herunter, auch innerlich herunter von dem von uns angemaßten Weltkatheder und Welthoheitsthron, wir müssen uns tief beugen, müssen uns neigen zu unserer Mutter Erde, zum Grund und Boden, den Gott dem deutschen Volk geschenkt; wir müssen diese Mutter Erde lieben lernen, müssen sie hegen und pflegen, nicht sie roh bearbeiten und aussaugen wollen, sondern es muß das Gefühl in uns lebendig werden, jeder Schuh breit deutscher Boden ist heiliges Land, das für uns zum Paradies werden kann, wenn wir lernen, daß die Arbeit am Boden die heiligste, die ehrfurchtsvollste ist, wenn wir solche Hände, unsere Hände höher einschätzen, die von dieser Mutter Erde rau und erdig, ja von Düngerteilen, aus denen uns Brot wachsen soll, vielleicht anrüchig sind, als jene, die wohl gepflegt und manikürt, es verstehen, Zahlen auf Zahlen aneinander zu reihen, um mit der Kraft des Volkes ihrem hohlen, eitlen Mammonsdienst zu frönen.

Nicht das Volk ist das reichste, das über das meiste Gold verfügt; ach, wie schnell kann dies Gold, dies Geld, und wenn die Zahlen eine schwindelhafte Höhe erreichen, zu wertlosem Papier werden. Wie schnell kann die Macht des Reichtums zerrinnen, wie schnell kann die Macht des äußeren Besitzes zerstört werden und zerschellen im brandenden Wutschwall jener, auf deren Kosten diese Macht errungen wurde, indem man sie selbst ausschloss vom Besitz an der Mutter Erde, die für uns alle geschaffen ist. Haben wir dies nicht in diesen Zeiten erlebt, erleben wir es nicht täglich aufs Neue?

Das Volk ist das reichste, das es versteht, auf eigenem Grund und Boden die für die Gesamtheit nötigen Nahrungsmittel zu erzeugen und nicht nur diese, sondern auch das, was sonst zu des Leibes Notdurft gehört. Man hat Dir vorgeredet, das sei unmöglich. Man hat Dir gesagt, wir bedürften des Auslands zur Beschaffung unserer Nahrung und Kleidung.

Ich kann und will denen, die dies behaupteten, durchaus nicht vorwerfen, daß sie absichtlich logen, aber sie befanden sich in einer großen Täuschung, sie irrten. Wie kamen wir denn zu diesem Glauben, daß wir für unseres Leibes Nahrung und Notdurft des Auslandes bedurften? - Nur, weil jahrhundertelange Erziehung und Gewohnheit es uns so gelehrt hat. Weil jene, die da reich werden wollten – und wer hat es denn nicht gewollt – die Arbeitskraft vieler Volksgenossen nur dazu gebrauchten, um zum beträchtlichen Teil *überflüssige* Güter zu erzeugen, die mit allen Mitteln einer fein ausgeklügelten Werbearbeit (Reklame) wieder an den Mann gebracht werden mußten, ja vielleicht mit großem Gewinn bei jenen an den Mann zu bringen waren, die vorher für geringen Lohn selbst an der Erzeugung dieser Waren mitarbeiteten.

Diese Arbeit vieler Volksgenossen, um für verhältnismäßig Wenige Reichtümer zu schaffen, wurde aber der Lebensmittelerzeugung entzogen. Das beweist die Umwandlung des deutschen Volkes aus einer im wesentlichen Ackerbau treibenden Bevölkerung in ein Industrievolk[1].

---

[1] Im Jahre 1810 lebten auf dem heutigen Boden unseres Vaterlandes 28 Millionen Menschen, von denen nicht weniger als 18 Millionen 69,2 vom Hundert in der Landwirtschaft beschäftigt waren. Im Jahre 1870 war die Zahl der in der Landwirtschaft beschäftigten nur ebenso groß,

Mit der Arbeit dieser vorerwähnten Volksgenossen wurden, wie schon angedeutet, neben wirklich zum Leben Notwendigen unendlich viele wertlose und überflüssige Güter erzeugt, die ein geschäftiger Handel zum Teil ins Ausland verkaufte, zum großen Teil aber den eigentlichen Herstellern, den Arbeitern mit großem Aufwand von den Wert dieser Waren belastenden Werbekosten (Reklamekosten) wieder aufhängte.

Damit soll selbstverständlich nicht gesagt sein, daß ein Hersteller die in *seinem* Unternehmen erzeugten Waren nun an *seine eigenen* Arbeiter wieder mit hohem Gewinn verkaufte, sondern auf den Warenaustausch hingewiesen werden, der zwischen der Gesamtheit der Unternehmer und der Gesamtheit der Arbeiter stattfand. Keinesfalls soll ferner den einzelnen Unternehmern ein Vorwurf daraus gemacht werden, daß sie andauernd „Neues" auf den Markt brachten. Das war anderes eben ein Zug der Zeit, es war die Folge einer irregeleiteten Entwicklung, einer falschen Wirtschaftslehre.

Unter dem vielen völlig Überflüssigen, das erzeugt wurde, befand sich aber auch herzlich viel Ramsch- und Schundware. Wäre es nicht der Fall gewesen, so hätte es keines deutschen Werkbundes,

---

obwohl die Gesamtbevölkerung sich auf 41 Millionen vermehrt hatte. Die Angehörigen des landwirtschaftlichen Berufes waren um 43,9 vom Hundert zurückgegangen. Im Jahre 1912 waren aber nur noch 26,8 vom Hundert unserer Bevölkerung in der Landwirtschaft tätig, auch in diesem Jahr umfaßte die landwirtschaftliche Bevölkerung nicht mehr als 18 Millionen Menschen, also nicht mehr wie 100 Jahre früher, obwohl die Gesamtbevölkerung 1912 über 66 Millionen betrug, gegen 28 Millionen im Jahre 1810.

keines Kampfes gegen Schundliteratur und ähnlicher Abwehrbestrebungen bedurft.

Daß tatsächlich viel des Überflüssigen hergestellt wurde, wer wollte es bezweifeln, wer wollte es bestreiten. Ein Blick in die Wohnung eines jeden – ich möchte fast niemand ausnehmen – lässt uns auf der einen Seite überflüssigen Luxus in großen und kleinen Dingen in Menge sehen, auf der anderen Seite den gleichen Luxus nur zu häufig in minderwertiger Schundausführung.

Überflüssiges – also Luxus – in irgendwelchen Dingen kann sich ein Volk aber nur leisten, wenn es tatsächlich Überfluss hat, und den hat ein Volk nur dann, wenn es so viel Nahrungsmittel auf eigenem Boden erzeugt, daß es nicht nur genug hat, sondern daß es für Jahre mit Missernten einen eisernen Bestand zurücklegen kann, um aus eigenen Mitteln eine selbsttätige Versicherung gegen Hungersnöte oder wie es bei uns lag, gegen Kriegsnot zu schaffen.

Nicht nur das deutsche Volk, die europäischen Völker in ihrer Gesamtheit haben den großen volkswirtschaftlichen Irrtum begangen, ihre Entwicklung nur nach der industriell-technischen Seite einzustellen, und noch dazu mit dem Endziel eines uferlosen Mammonismus. Wehe denen, die da reich werden wollen, sie fallen in Versuchung und Stricke, sagt die Schrift – und wir sind gefallen, unendlich tief gefallen, weil wir Reichtum an Geld und Geldeswert mit „Wohlstand" verwechselten.

„Wohlstand" heißt für den einzelnen „Wohl stehen", das heißt gut und fest stehen. Das tut aber nur der, der auf ihm zur Verfügung stehenden, *auf in seinem Besitz befindlichem Boden* das selbst bauen kann, was er zu seines Lebens Unterhalt notwendig gebraucht.

Unsere Zeit hat dafür den schlagendsten Beweis geliefert. Wer steht heute wohl, wer litt keinen Hunger, wem geht es noch heute gut: das ist der vom Städter nur zu oft verachtete Bauer.

Das Wesen aber unseres Überindustrialismus, unserer Übergroßstädte, es muß seinen Bankerott ansagen. *Der Industriebaum hat als Treibhauspflanze in einer Zeit des Reichwerdenwollens seine größte Ausdehnungsmöglichkeit erreicht, ihm ist in seiner heutigen Form die Axt an die Wurzel gelegt.* Das mag einmal mit dürren Worten ausgesprochen sein.

Man verstehe wohl, es soll mit diesen Feststellungen keinem einzigen Industriellen auch nur der geringste Vorwurf gemacht werden. Jeder Unternehmer war und ist ebenso ein Kind unserer Zeit, wie wir alle, ebenso wie der Landarbeiter, der die heimische Scholle verließ, um in die Fabrik zu eilen, weil er meinte, dort schneller, bequemer und müheloser sein Geld verdienen zu können, um gleichzeitig noch die nach außen so glänzenden Vergnügungen der „Stadt" zu genießen.

Ja, aber – so wird man fragen – war und ist es denn möglich, daß wir auf unserem Grund und Boden genügend Nahrungsmittel erzeugen?

Nun, schauen wir uns um, was der deutsche Boden vor hundert Jahren hervorbrachte und was er heute bei Benutzung der gleichen Anzahl Arbeitskräfte ergibt. Dr. Bovenschen sagt darüber in dem schon mehrfach erwähnten Buche „Gemüse und Obst":

Im Jahre 1810 wurden im Durchschnitt auf den Hektar erst 8 Doppelzentner Roggen und 9 Doppelzentner Hafer geerntet. 1870 schon 11 und 12,5 Doppelzentner, 1912 dagegen bereits 19,1 und 21,9 Doppelzentner. Wie wir sahen, wurden am Anfang des 19. Jahrhunderts noch wenig Kartoffeln und Zuckerrüben in Deutschland angebaut, so daß ihr Ertrag in der Gesamternte so gut wie gar keine Rolle spielte. Im Jahre 1870 aber betrug der Durchschnittsertrag auf den Hektar bei Kartoffeln bereits 60 Doppelzentner, bei den Zuckerrüben 200 Doppelzentner und im Jahr 1912 wurden im Durchschnitt auf der gleichen Fläche bereits 159 Doppelzentner Kartoffeln und 400 Doppelzentner Zuckerrüben geerntet. Auch in der Tiererzeugung zeigten sich die gleichen Fortschritte: hatte im Jahr 1810 das Durchschnittsgewicht einer Kuh erst 1,73 Doppelzentner, das eines Schweins erst einen halben Doppelzentner betragen, so brachte die deutsche Landwirtschaft im Jahre 1870 bereits Kühe von einem Durchschnittsgewicht von 3 Doppelzentnern und Schweine von einem solchen von ¾ Doppelzentnern auf den Markt, und im Jahre 1912 wogen unsere Kühe im Durchschnitt bereits 4 Doppelzentner, die Schweine 1,1 Doppelzentner.

Im Jahre 1881 wurden in Deutschland auf den Hektar etwa 11 Doppelzentner Roggen, im Jahre 1915 über 19 Doppelzentner geerntet, der Ernteertrag hatte sich also in diesen 32 Jahren um über 57 v.H. vermehrt. Noch stärker war der Ernteertrag in Weizen gewesen. Er betrug im Jahre 1881 erst 12,7 Doppelzentner auf den Hektar, im Jahre 1913 aber 23,6 Doppelzentner, was gleichbedeutend ist, mit einer Zunahme von 85,8 v.H. Ziehen wir alle Getreideernten zusammen, so er ergibt sich, daß die Ernte im Durchschnitt der Jahre 1885/89 auf den Hektar 13,4 Doppelzentner brachte, im Zeitraum von 1905/1909 dagegen 18,2 Doppelzentner. Der Ertrag der deutschen Getreideernte betrug auf den Kopf der Bevölkerung im ersterwähnten Zeitabschnitt 215 kg, 1905/1909 dagegen 250 kg. In diesen 20 Jahren war der Ernteertrag im Durchschnitt für alle Getreidearten um 36 v.H. gestiegen.

Dabei ist noch zu berücksichtigen, daß in dieser Zeit Getreide und Kartoffeln durch geeignete Züchtungen an Nährstoffen wertvoller, die Zuckerrübe an Zucker bedeutend gehaltreicher erzeugt wurde.

An Zucker brachten wir viele Jahre lang in der Vorkriegszeit so viel hervor, daß wir noch einen beträchtlichen Teil des Weltbedarfs und zwar zu einem billigeren Preise als für das eigene Volk deckten. Da ist vielleicht die bescheidene Zwischenfrage erlaubt, ob es denn wirklich richtig war und ist, fürs Ausland im Großbetrieb Nahrungsmittel zu billigem Preise herzustellen, um statt dessen vom Ausland andere Nahrungsmittel zu kaufen, deren Erzeugung im zielbewusst durchgeführten Kleinbetrieb vielen Deutschen eine freie, selbstständige Lebensführung auf eigener Scholle gegeben hätte.

Nun ist die Frage, ob mit der vorgeschilderten Steigerung der Erträgnisse landwirtschaftlicher Erzeugnisse die Höchstgrenze der Steigerungsmöglichkeit erreicht ist. Keineswegs ist das der Fall. Die jetzige Steigerung – zum Teil wohl auf wissenschaftlicher Grundlage beruhend – war im wesentlichen eine solche im Großbetriebe, der immer in gewisser Beziehung einseitig bleiben muß und niemals das aus dem Boden herausziehen wird, was in liebevollem Klein- und Mittelbetrieb möglich sein wird. Damit soll durchaus nicht die Leistungsfähigkeit des Großbetriebes für manche Verhältnisse verkannt und die Rückständigkeit mancher kleinbäuerlicher Arbeitsweise, wie sie heute noch in manchen Gegenden zu beobachten ist, außer Acht gelassen werden.

Ich spreche also noch garnicht von einer sachgemäßen Umwandlung der noch vorhandenen Oedländereien, ich habe ausdrücklich die höhere Ausnutzung, die tatkräftigere Bearbeitung der jetzt schon kultivierten Ländereien im Auge.

An was hat es denn der deutschen Landwirtschaft im wesentlichen gefehlt, woran hat sie stets Mangel gehabt? – An Arbeitern! – Glaubt denn jemand im Ernst, daß die Sachsengänger, die aus dem Osten stammenden fremden Landarbeiter, die gegebenen Kräfte waren, um das menschenmögliche aus dem Boden herauszuziehen? - Niemand wird dies behaupten wollen, sie waren eben *nur* Arbeiter.

Die Antwort sollte also eigentlich nicht lauten, es hat an *Arbeitern* gefehlt – sondern es hat an *Kräften* gefehlt; an Kräften, die mit Leib und Seele sich der Pflege des Bodens hingaben. Und warum waren diese Kräfte nicht da, warum wandten sie sich zur Industrie, wo sie leichter unter- und vorwärts kommen konnten? – *Weil ihnen ohne Anrecht am Boden jener innere Antrieb fehlte, der nun einmal nötig ist, um in jedem Berufe, erst recht aber im landwirtschaftlichen, Höchstleistungen zu erzielen.*

Welche Unmengen landwirtschaftlicher Erzeugnisse bringt nicht unser kleines Nachbarland Holland hervor?

Deutschland bezog laut Reichsstatistik aus dem Ausland an Gemüsen nach Abzug der Ausfuhr im Jahre 1912/13[2], also im Durchschnitt 275.456 Tonnen Gemüse im Werte von über 45 Millionen Mark, *darunter allein aus Holland 167.406 Tonnen.*

---

[2] Im Durchschnitt der Jahre 1912/13.

Daß das kleine Holland solche Mengen landwirtschaftlicher und Gartenbauprodukte hervorbringen kann, liegt nicht einfach in der Natur des Landes. Es liegt daran, daß die meisten Betriebe kleinlandwirtschaftliche Betriebe sind; es haben 52,2 vom Hundert eine Fläche von unter einem Hektar, 76,9 sind unter 2 Hektar groß. Immer mehr tritt in Holland an Stelle von Acker und Wiese, das gartenmäßige, also in häufigerer Fruchtfolge angebaute Land. Bei dem verhältnismäßig kleinen Umfang ist es dem Besitzer möglich, seinen Betrieb mit seiner eigenen und der Arbeitskraft seiner Angehörigen tüchtig auszunutzen und seine Erzeugnisse *billig* zu liefern. Er selbst ist aber – und das ist des Pudels Kern – *nicht Arbeiter*, sondern *freier selbstständiger Mann, der auf eigenem Grund und Boden wohnt*. Nun das ist eine „Bodenrechtsfrage", sie mag im Kapitel „Wohnnot" eine weitere Beleuchtung erfahren.

Wäre es möglich, eine größere Anzahl von Familien aus den Großstädten, aus den Industriezentren für solche Beschäftigung zu gewinnen, sie als *freie, selbstständige* Leute aufs Land zu verpflanzen, so wären sie nicht nur ein Stamm freier, glücklicher Staatsbürger, sondern sie würden nach Überwindung der Lehrjahre mit ihrer Erzeugung die Eigenerzeugung Deutschlands an Nahrungsmitteln ganz gewaltig steigern. – Diese Forderung kann erfüllt werden, aber nicht von Staatswegen, sondern dadurch, daß sich aufrichtige und strebsame Kräfte zu gemeinsamer Arbeit, zu einer großen Gemeinschaft unter neuen Rechtsformen einhellig zusammenschließen, worüber das Nähere an anderer Stelle gesagt sein wird.

Als ganz hervorragendes Vorbild für diese Bestrebungen, sowohl für die gartenbauartige Landwirtschaft, wie für die Familienarbeits- und Lebensgemeinschaft ist das mit seiner nahezu 200 Jahre alten gefestigten Kultur weit über uns stehende *China*, das seine über 400 Millionen Einwohner auf einer Fläche von 330

Millionen Hektar[3], ohne Kolonien zu besitzen, ohne nennenswerte Nahrungsmitteleinfuhr, ernährt, während auf der vier- bis fünffach größeren Fläche Europa noch nicht die gleiche Anzahl Einwohner nur bei ganz beträchtlicher Nahrungsmittelzufuhr aus dem Ausland unterhalten kann.

Allerdings das große China und das kleine Holland haben eins gemeinsam: eine ausgeprägte Wasserwirtschaft, gewaltige Kanalnetze durchziehen das Land teils zur Ent-, teils zur Bewässerung, teils als billigste Transportmittel für Waren aller Art, natürlich auch für landwirtschaftliche Produkte.

In dem neuerdings unter dem Titel „Das Paradies der Arbeit" im Verlag von Huber, Diessen, erschienenen Werke von Eugene *Simon*, der jahrelang französischer Konsul in China war, sagt dieser u.a. folgendes:[4]

Bis an die Grenzen von Tibet achthundert Meilen vom Meer durchzog ich häufig Städte, welche 500.000 bis 1.500.000 Einwohner zählten. In den entferntesten Provinzen begleitete ich oft Menschenmengen von 15.000 bis 20.000 Personen, die einem Markt zuwanderten, an Plätzen, an welchen man Tage zuvor kaum einige Wirtshausgäste antraf. Von einem Ende zum andern sozusagen sah ich Dörfer, Weiler, Gehöfte, Häuschen so nahe aufeinander und so rasch an meinem Blick vorüberziehen, daß nur die Umgebung unserer Millionengroßstädte

---

[3] Es gibt in China Provinzen, so groß wie ganz Deutschland, in denen 6 - 7 Einwohner auf den Hektar Land kommen und Bezirke so groß wie Belgien, in denen die Einwohnerdichte auf 12 bis 15 Einwohner auf den Hektar steigt. Weite Strecken des Landes erscheinen als ununterbrochene gartenstadtähnliche Anlagen.

[4] Früher in Frankreich erschienen unter dem Titel „La Cité Chinoise". Das Werk hat für unsere Tage eine beachtenswerte Bedeutung.

eine Vorstellung davon geben kann. Die Erde verschlingt das Wasser, Felder und Gärten auf Flössen angelegt bedecken gewisse Seen. Die Felsen überziehen sich mit Ernten. Und dazu überall die kostbarsten Kulturen, die die meiste Kraft und Ausdauer verlangen, der Zucker, die Seide, der Tee, das Wachs. Bis in die entferntesten Täler eine Fruchtbarkeit des Bodens, welche für den Reis Ernten gibt von 12.000 bis 13.000 kg auf den Hektar; und den Bodenwert auf 30.000 bis 40.000 Franken ansteigen lassen. Man sieht, daß unter dem Gesichtspunkt der Bevölkerung uns die Chinesen weit hinter sich lassen. Und während wir den Bevölkerungszuwachs auf alle mögliche Weise einzuschränken suchen durch den Krieg, durch die Ehelosigkeit, durch die freiwillige Geburteneinschränkung, fahren die Chinesen fort sich zu vermehren, wie wenn die Erde keine Grenzen hätte. Sie kümmern sich um Nichts und sie tun recht daran. Man kann die Fläche eines Ackers messen, aber wer misst die Fruchtbarkeit? Die Erde trägt so viel als der Mensch taugt. Nichts ist wahrer und China beweist es. Die heute am dichtesten bevölkerten Provinzen waren nicht bevölkerter und nicht geeigneter für die Besiedelung, als diejenigen, welche heute noch die geringste Bevölkerung aufweisen. Berge, welche nichts hervorbrachten, nackte Felsen sind heute die reinen Früchte- und Blumenterrassen. Die Chinesen sind eben Meister, die Fruchtbarkeit des Bodens zu vermehren und zu erhalten. Sie werfen nicht, wie wir, den Reichtum ihres Landes in Schwemmkanäle und Flüsse. Sie sammeln ihn mit der größten Sorgfalt, und halten es für ein Gebot der Gerechtigkeit, der Erde zurückzugeben, was sie ihnen geliehen hat. Sie halten jede Verschleuderung für eine Untat, die sich sogleich rächen müßte. Dann sagen sie sich, daß die Vermehrung der Bevölkerung das beste Mittel ist, den Reichtum des Staates wie jedes Einzelnen zu vermehren.

Um mich nicht nur auf Worte zu beschränken und um den Unterschied zwischen den Erfolgen europäischer Landarbeit und

Getreidepflanze gesät auf gewöhnliche Art.

Getreidepflanze, die nach chinesischer Methode gepflanzt wurde.

chinesischer Gartenbaukultur vorzuführen, sei das Bild einer europäischen Durchschnittsgetreidepflanze mit 3 Halmen und einer nach chinesischer Art herangezogenen Getreidepflanze mit 20 Halmen hier wiedergegeben. So versteht es der Chinese, auf kleinstem Raum durch sorgsame Pflege die größten Erfolge zu erzielen, so versteht es ein 400 Millionenvolk, sich in seiner Nahrungsmittelversorgung vom Ausland unabhängig zu erhalten, obwohl es im Verhältnis über eine bedeutend kleinere Bodenfläche verfügt.

Bereits 1765 wurde über die chinesische Methode des Gartenackerbaus von Eckeberg berichtet. Erst fünfzig Jahre später machte ein deutscher Landwirt einen praktischen Versuch. Forstmeister Thiersch in Elbenstock berichtete, er habe nach der chinesischen Verpflanzungsmethode Stöcke bekommen, die bis zu 51 Halmen mit Ähren hatten, wovon die Ähren wieder bis zu 100 Körnern enthielten, so daß er aus einem Samenkorn rund 5000 erzielte. Es wird also durch den Erfolg Saatgut und Boden in bedeutender Menge gespart und der scheinbare Mehraufwand an Arbeit mehr wie hereingebracht. Wieder 25 Jahre später wandten zwei Russen, die Brüder Demtschinsky, dies Verfahren mit bestem Erfolg an und in Deutschland fand es in Dr. Lavalle einen eifrigen Verfechter. Geeignet ist dieser Gartenackerbau aufs beste für den kleinen Heimstättenbesitzer, der neben seinem sonstigen Beruf mit seiner Familie durch intensive Bearbeitung auf eigener oder durch lebenslänglicher Erbpacht ihm bis an sein Lebensende zur Verfügung stehender Scholle, sich auf diese Weise am besten gegen Ausbeutung und Wucher, von welcher Seite diese auch kommen mögen, schützen kann.

Es bedarf keiner Frage, eine solche Verbesserung des Bodens, diese mit der Bevölkerungszunahme steigende Fruchtbarkeit kann nur erreicht werden, *wenn der Bodenbearbeitende nicht nur Lohnarbeiter ist, sondern Besitzer, so daß ihm auch der volle Lohn seiner Arbeit wird.*[5]

Wäre diese Möglichkeit in Deutschland vorhanden gewesen, wären die Auswanderer der letzten hundert Jahre, wäre eine Unzahl Industriearbeiter der Landarbeit als *selbstständige*

---

[5] Wie dies auch in Deutschland möglich werden kann, ohne Vergewaltigung aller Rechte, wird im Kapitel von der Wohnnot angedeutet werden.

Heimbesitzer erhalten geblieben, Deutschland könnte heute ein paradiesisches Gartenstadtland sein.

Der gepriesene industrielle Aufschwung, den Deutschland genommen, hat sich als glänzendes Trugbild erwiesen; er hat uns an einen Abgrund geführt, in dem die Hoffnungen eines Jahrhunderts begraben liegen, an dessen gähnendem Schlund ein verzweifeltes Volk um sein Leben ringt.

Nun heißt's: „Ein Neues pflügen", Wege finden, die herausführen aus wirtschaftlichem und aus sittlichem Niedergang.

Das im letzten Abschnitt Gesagte mag dem Leser, der nicht für kommende, sondern für die gegenwärtige Lebensmittelnot eine Hilfe, einen Ausweg sucht, als zu weit vorgegriffen erscheinen. Im nachfolgenden mag deshalb auf Verhältnisse hingewiesen sein, die ganz wesentlich zur Erschwerung unserer Ernährungsverhältnisse beitrugen, und noch beitragen, deren Abstellung, vom deutschen Volke, von den deutschen Frauen und Müttern erzwungen werden sollte.

Mißachtung eines kostbaren Urstoffes.

Eine widernatürliche, auf einem verhängnisvollen Irrtum beruhende Lehre hat unter den sogenannten zivilisierten Völkern Europas unwiederbringliche Verluste gezeitigt. Allerdings konnte diese Lehre nur auf dem Boden des krassen Materialismus und des mit ihm so eng verbundenen Industrialismus erwachsen. Sie konnte nur dadurch entstehen, daß durch den Industrialismus, durch das Überhandnehmen des Maschinentums Massen der Bevölkerung in den Großstädten, in den sogenannten Industriezentren zusammengezogen, dort zusammengedrängt und vom Land, von der Mutter Erde losgelöst wurden.

Diese Loslösung vom Boden, dies „Bodenlosmachen" des Einzelnen, vollzog sich um so leichter, als unser heutiges Bodenrecht den Boden, das Vaterland, die Muttererde in das Eigentum verhältnismäßig weniger gebracht hat. Die große Masse war im weitesten Sinne des Wortes mit Bezug auf ihr natürliches Besitzrecht am Boden entrechtet. An dieser Stelle soll dies nicht weiter ausgeführt werden, das wird später unter dem Artikel „Wohnnot" geschehen, an dieser Stelle soll gezeigt werden, wie die oben angedeutete Irrlehre in Verbindung mit Bodenentrechtung und mammonistischem Industrialismus zur Nichtbeachtung und Vernachlässigung, zur Verschwendung unermesslicher Werte führte.

Es war der Engländer Malthus, der als Gesetz, gewissermaßen als Naturgesetz, die Lehre aufstellte, in absehbarer Zeit könnte der Boden des zivilisierten Europa seine Völker nicht mehr ernähren, und in etwas fernerer Zeit werde dies auf dem ganzen Erdboden der Fall sein, deshalb müsse die Menschheit das Werden der Nachkommenschaft zu verhindern suchen. Es sei das Recht des Einzelnen, des einzelnen Ehepaares, die Zahl der Kinder nach eigenem Ermessen zu beschränken. Ja Malthus stellte in einem geradezu grausenerregenden Irrtum es als sittliche Pflicht auf, dies zu tun, damit die zukünftigen Geschlechter nicht im Kampf uns Dasein einander zerfleischen müßten. Scheinbar Recht gab ihm die von oberflächlichen, kurzsichtig und schnell verallgemeinernd urteilenden Beobachtern verbreitete Mär, in China sei der Kindermord an der Tagesordnung. Leider wurde diese Schauermär von christlichen Missionaren und in frommen Büchern verbreitet. Unser Bekanntwerden mit chinesischen Verhältnissen hat uns gelehrt, daß in China nicht mehr, ja vielleicht weniger Kindsmorde vorkommen, als im zivilisierten Europa[6]. Auch bei uns liest man allenthalben von aufgefundenen Kinderleichen, von Kindern, deren unglückliche Mütter sich ihrer entledigten. Was würde man nun sagen, würde auf Grund solcher Zeitungsberichte ein chinesischer Besucher Deutschlands daheim erzählen, in Deutschland und Europa ist Kindsmord an der Tagesordnung. Scheinbar Recht gaben Malthus die Verhältnisse in Indien und Island, obwohl keineswegs irgendwelche Überbevölkerung die Ursache zu Hungersnöten gab; in Wirklichkeit war es die Profitgier, die den Einwohnern jener Länder ihre eigenen Bodenerzeugnisse abkaufte, richtiger unter dem Schein des Rechts raubte, um sie den Bewohnern jener Länder zuzuführen, die sich mehr Vorteil davon versprachen, Industrieerzeugnisse herzustellen, als den eigenen Boden in richtiger Weise für die Nahrungsmittelerzeugung auszunutzen.

---

[6] Vgl. „La Cité Chinoise" von Eugen Simon, deutsch bearbeitet unter dem Titel: „Das Paradies der Arbeit" von Paul Garin. Verlag Jos. C. Huber, Dießen.

Scheinbar Recht hat Malthus der furchtbare Weltkrieg gegeben, der schließlich zu einem „Kampf ums Brot" geworden ist, scheinbar Recht geben ihm die Kämpfe um Sein oder Nichtsein, wie wir sie in unseren Zeiten in den Großstädten und Industriegebieten Deutschlands erleben,[7] wie wir sie, wenn nicht eine völlige Umstellung unserer Lebens- und Erwerbsgewohnheiten erfolgt, in allen Industrievölkern, auch in dem noch lange nicht übervölkerten Nordamerika erleben werden.

Der Beweis für die Lehre des Malthus, für den Malthusianismus, den sich nicht nur die Reichen, sondern alle Kreise der Bevölkerung, mit Ausnahme beträchtlicher Kreise der Landbevölkerung, zu eigen gemacht haben und zu eigen machen, ich sage: Der Beweis für diese Lehre scheint erbracht und so einfach wie der, daß zweimal zwei vier ist. Und dennoch ist sie ein ganz gewaltiger Irrtum.

Dabei soll von allen religiösen Erwägungen, von allen Offenbarungslehren völlig abgesehen werden, obwohl leicht zu beweisen wäre, daß jene religiösen, scheinbar übernatürlichen Gesetze aufs innigste mit dem natürlichen Leben verknüpft, im Grunde genommen das Natürlichste von der Welt sind.

Und warum ist diese Lehre ein Irrtum? Weil wir im Kreislauf der Dinge, im Kreislauf des Werdens und Lebens wichtige Teile übersahen, notwendigste Erfordernisse nicht nur für Nichts ach-

---

[7] Von den Volkskämpfen in Rußland, das über ungeheure Länderstrekken für einfachste Innenkolonisation verfügt, wird niemand behaupten wollen, daß sie ein Beweis für die Lehre des Malthus seien.

teten, sondern weil wir diese – es handelt sich um hochwertigste Urstoffe – für etwas hielten, dessen wir uns so schnell wie möglich entledigen oder das wir gar zerstören müßten.

Wir waren in unserem Wissen, in unserer Lebensanschauung, durch eine alles unter *äußerliche* Regeln bringende mechanische Betrachtungsweise fürchterlich einseitig geworden. Wir kurzsichtigen, ach so fürchterlich kleinen Menschen maßten uns an, zu unterscheiden zwischen nützlichen und schädlichen Tieren, zwischen nützlichen und schädlichen Pflanzen, zwischen Gut und Böse in so mancherlei Dingen, und merkten nicht, daß alles, aber auch alles im großen Reiche der Natur füreinander eingestellt ist, wie die Räder und Teile eines unendlich feinen Mechanismus. Wir verlernten zu sehen, daß alles dazu vorgesehen ist, um auf dieser Erde, diesem Offenbarungsfeld des Lebens, Leben und immer wieder Leben zu zeugen in der für diese Erde vornehmsten Form.

Und diese vornehmste Lebensform, der Mensch – Du und ich, lieber Leser – wir hatten nichts Besseres zu tun, als nach toten Dingen zu streben, nach Gold und Reichtum zu gieren und Mordinstrumente zu schaffen, mit denen der eine den andern morden, die Völker einander vernichten könnten, damit der einzelne und die Völker mehr Platz hatten, damit diesem oder jenem einzelnen oder diesem oder jenem Zweige am Baume „Menschheit" ein größeres Gebiet zugesprochen werde.

Das geschah und geschieht nicht etwa, um dies Gebiet sorgsam zu hegen und zu pflegen, damit es zu einem fruchtbaren Paradies, zu einem Garten Gottes werde, sondern um, wie es in der modernen Sprache heißt, es auszubeuten, um es zu vergewaltigen und auszurauben, damit irgend ein toter, unersättlicher Geldsack noch praller und voller werde.

Aber was ist es denn, was wir im Kreislauf des Lebens so missachtet, was für ein kostbarer Urstoff ist es denn, den wir für nichts geachtet oder gar vernichtet haben, und der so eine große Lebensnotwendigkeit darstellt? –

O, das ist etwas furchtbar Einfaches, so lächerlich Einfaches, daß Du, verehrter Leser, Dich vielleicht entrüstet naserümpfend abwendest, wenn ich Dir diesen missachteten, geheimnisvollen Stoff nenne. Und doch bitte ich, lege dies Buch nicht achtlos beiseite, wenn ich Dir nun dies Wort nenne, lies vielmehr recht aufmerksam und nachdenklich das, was ich darüber zu sagen habe, denn es handelt sich um eine für das Wohl und Wehe Deines Volkes, ja für die zukünftige Entwicklung der ganzen Menschheit äußerst wichtige Angelegenheit, deren Beachtung oder Nichtbeachtung von einschneidendster Bedeutung ist, von einer Bedeutung, daß davon abhängig sein wird, ob wir eine Zeit des herannahenden Volks- und Völkerfriedens erwarten dürfen oder ob die Menschheit Zeiten dauernder innerer und äußerer Vernichtungskämpfe entgegengehen wird. Es handelt sich darum, ob die Menschheit es verstehen wird, sich das Glück einer möglichst vollkommenen Freiheit der Person und der Familie zu schaffen, oder ob wir zurücksinken in nicht enden wollende Abhängigkeit und Sklaverei durch die gegenseitige Gier nach Gold, durch den Mammonismus.

Verstehe mich recht, nicht handelt es sich darum, an Stelle des Materialismus des Goldes einen anderen Stoffgötzendienst zu setzen, es handelt sich darum, mit welcher Gesinnung, mit welchem Wollen Du einem der verachtesten, der gemeinsten (also gewöhnlichsten, scheinbar wertlosesten) Gegenstände gegenübertrittst.

Es handelt sich um den Dünger, ja noch mehr – und jetzt laß kein „Pfui" ertönen, jetzt streife einmal alle unangebrachte Vornehmheit und Prüderie ab, es handelt sich um Deinen eigenen Kot, um die festen und flüssigen Ausscheidungen Deines eigenen Leibes.
Ich weiß, ich bin ein unangenehmer, ein mitunter unbequemer Mensch. Mahner sind stets lästig. In diesem Augenblick komme ich mir fast vor wie der Erzieher eines Hundes, der diesen, weil er seinen Unrat an falscher Stelle abgelegt hat, mit der Nase in diesen hineinstößt. O, wie herrlich weit haben wir es gebracht, wenn einem aufrechten und aufrichtigen Volksgenossen, der von der größten Liebe zu seinen Mitmenschen, zu seinem Tun sich gedrängt fühlt, solche Worte in die Feder gezwungen werden.[8]

---

[8] Im übrigen mag darauf hingewiesen werden, daß in ländlichen Gegenden Hollands und in vielen Gegenden Chinas es eine besondere Pflicht der Höflichkeit ist, falls man zu Gaste geladen war, den Gastgeber durch Benutzen jenes Ortes, den man sonst bei Fremden nur notgedrungen aufsucht, einen Tribut der Dankbarkeit zu erweisen. Nicht unerwähnt mag ferner sein, daß, wie die Missionare Hut und Abel in ihren „Wanderungen durch China" erzählen, selbst reiche Landleute es nicht verschmähen, in Gegenden wo keine Rinderzucht ist, an der Landstraße auf Dünger zu warten. Es heißt darüber: „In den nördlichen Provinzen haben wir oft gesehen, daß reiche Landleute in seidenen Röcken einen Korb am Arm trugen, sich auf eine dreizinkige Akkergabel lehnten und abwarteten, ob Wagen vorbeiführen. Sie lauerten auf Dünger, und in China findet das Niemand unter seiner Würde. Selbst der Ausdruck, welcher die Handlung bezeichnet, ist vornehm und bedeutet wörtlich „pflücken" oder „abbrechen". Für das Pflücken

Das ist nicht fein, nein, niemals – und dennoch um der Wahrheit willen, um der Gerechtigkeit willen müssen solche Dinge einmal ausgesprochen werden. Alle schönen Phrasen, alle um den brennenden Brei herumgehenden ästhetisierenden Redewendungen können uns nicht heilen und gesund machen.

Was hat die zivilisierte Menschheit im letzten Jahrhundert denn zum großen Teil mit ihrem Kot angefangen? – Hat sie ihn als Zwischenglied in der großen Kette von Werden und Vergehen, von Wachsen, Blühen, Fruchttragen, Frucht-Verbrauchen, Sich-Ernähren, Ausscheiden der „verbrauchten Nährstoffe", hat sie diese abgebrauchten, ausgebrauchten Nährstoffe – also den Kot – dazu benutzt, um ihn richtig für den ewig alten, ewig neuen Werdegang des Wachsens der Mutter Erde zurückzugeben, damit sie – dankbar für das, was den auf ihr wachsenden Pflanzen Nahrung ist, uns selbst wieder mit einem überquellenden Nahrungssegen überschüttet? -

Nein, das hat die in eine falsche Richtung geratene überzivilisierte Menschheit nicht getan. Sie hat mit unsäglicher Verachtung in ungeheuren Mengen diesen hochwertigen Urstoff, die menschlichen Düngerstoffe beiseite geschafft. - Schon das alte Rom hatte seine Kloaken, um die Dungstoffe seiner Einwohner ins Meer zu leiten – und unsere moderne Zeit macht es im großen und ganzen nicht viel besser. In vielen, vielen Orten werden die menschlichen Exkremente als lästiger Abfall einfach in die Flüsse geleitet, wo sie dann in Verbindung mit anderen (industriellen) Abwässern nicht selten das Wasser auf weite Strecken verpesten und vergiften. So werden sie nicht nur ihrem eigentlichen Zweck, der Schaffung fruchtbaren Landes entzogen, sondern die Fisch-

---

einer Blume und das Einsammeln von Pferdedung ist der Ausdruck ein und derselbe."

zucht, eine Nahrungsquelle ersten Ranges, wird in weitestem Maße geschädigt. Es wurde also unserer Mutter Erde nicht nur das entzogen, was sie für uns fruchtbarer und leistungsfähiger gemacht hätte, sondern mit der gleichen Handlung verringerte man den Fischreichtum unserer Gewässer.

Wohl hat man in mannigfacher Weise versucht, im Großbetrieb die Exkremente der Städter nutzbar umzuwandeln, aber man hat sich dabei meist von gesundheitlichen und ästhetischen Rücksichten leiten lassen, man hat mehr danach gesucht, wie man diese lästige Sache unschädlich macht, als wie man sie auf vollkommenste Weise zum Wohl der Gesamtheit ausnütze.

Und doch enthält der menschliche Dünger, enthalten die menschlichen Ausscheidungsstoffe alle jene Bestandteile, die heute unserer Landwirtschaft in so schmerzlicher Weise oft fehlen. Stickstoff, Kali, Phosphorsäure, die wir in ihren entsprechenden Verbindungen im künstlichen Dünger teuer bezahlen, alles das stellt jeder Mensch als ureigenstes Abfallprodukt, als echte Urstoffe in so reichen Mengen her, daß damit vollauf dem Düngerbedürfnis zum Wachsen der für seine Person nötigen Nahrungsmittel genügt wird. Also, man verstehe recht, jeder einzelne Mensch stellt so viele Dungstoffe her, um bei entsprechender Bearbeitung des zur Verfügung stehenden Bodens diejenigen Mengen Nahrungsmittel zu erzeugen, die er für sich nötig hat.

Wir aber, anstatt dies wichtige Eigenprodukt sorgsam auszunutzen, wir vernichten es, beziehen statt dessen aus überseeischen Ländern Peruguano, Chilesalpeter oder erzeugen unter Anwendung kostspieliger Methoden künstlich aus der Luft Stickstoffpräparate für Düngezwecke, spannen dabei wieder eine Anzahl

Menschen als Arbeiter an den Goldwagen der Industrie, machen sie mehr oder minder unfrei, und behaupten dabei, wir geben ihnen Arbeit und Brot.

Dennoch wollen wir uns dieser Erfindung freuen. War sie auch ursprünglich im wesentlichen gemacht, um die so gewonnenen Stickstoffverbindungen zu Sprengstoffen, für die moderne Kriegstechnik zu benutzen, jetzt soll sie helfen, die Völker Mitteleuropas über eine böse und schlimme Zeit hinwegzubringen.

Aber es wäre viel einfacher, volkswirtschaftlich viel einträglicher, für die Ernährungssicherheit des Volkes viel wichtiger, den dabei Beschäftigten würde gelehrt, wie sie auf einem ihnen anvertrauten Stück Land die Exkremente ihrer Familie, ihrer Haustiere und die Übererzeugung der Dungstoffe aus den Großstädten zur Herstellung von Höchstmengen an Nahrungsmitteln benutzen können.

Da würde der Arbeiter mit seiner Familie nicht nur Brot, sondern ein eigenes Heim haben und noch dazu den Reinüberertrag aus seiner Arbeit erhalten. Allerdings würde dieser Reinertrag der Arbeit dann nicht zur Bildung solcher Kapitalmassen dienen können, die nur eine Anzahl Genießer oder Nichtstuer ernähren. Die Frage des Anteils am Reinertrag seiner Arbeit wäre so für den Arbeiter, für den Bodenarbeiter aufs einfachste gelöst.

Jene Steigerung des Bodenertrages, wie sie im letzten Jahrhundert in Deutschland durchgeführt wurde, kann in allen Kulturländern durch sachgemäße Kleinbauernarbeit und ebenso sachgemäße Ausnutzung des Eigendüngers der Familien noch auf unmessbare Zeit fortgesetzt werden, wenn alle Kräfte nicht zur

Erzeugung überflüssiger Industrieartikel, sondern wenn diese Kräfte und aller Erfindungsgeist sich der großen Frage widmen: *„Wie erzielen wir auf unserem eigenen Boden die größtmögliche Menge von Nahrungsmitteln?"*

Unser heutiger Landbau würde trotz aller Agrikulturchemie, trotz aller landwirtschaftlichen Maschinen von einem Chinesen (vergl. Seite 28) als roh und barbarisch bezeichnet werden, und wir sollten nicht zögern, Studienausschüsse, bestehend aus Wirtschaftlern, Landwirten und Gärtnern, nach China zu schicken, um die mehrtausendjährigen Erfahrungen des Volkes betreffs Düngerverarbeitung und Landgartenbau für mitteleuropäische Zwecke auszunutzen.

Könnten sich die Völker Europas, die Völker der „zivilisierten" Welt zu einem solchen „Lehr- und Lerngang" nach China entschließen, anstatt den Chinesen mit Gewalt industriell-mammonistisches Wesen aufzuzwingen, die Vorteile würden unermesslich sein.

Wie würde es in späteren Zeiten dann einmal sein. Nun, kein Bach wird mehr auf kürzestem Wege in die Tiefe zum Fluss, oder zum Strom, der ihn aufnimmt, eilen, er wird in kleinen Gräben in unzähligen Windungen die Berge herabgeführt werden. Auf seinem Laufe wird er die Niederschlagswässer der Berge aufnehmen und dies Wasser wird dazu dienen, das abhängige Land der Berge, das zu lauter Terrassen[9] umgewandelt ist, zu bewässern. In der Ebene wird ein Netz von Kanälen nicht nur ganz

---

[9] Durch diesen Terrassenbau wird allein schon die Oberfläche in ganz bedeutender Weise vermehrt.

Mitteleuropa, sondern alle zivilisierten Länder durchziehen, um sie fruchtbar zu bewässern, um auf den Kanälen alle Schwergüter und Lasten zu befördern, und in den Kanälen eine erfolgreiche Fischzucht zu treiben. In ganz späten Zeiten werden einmal, wenn die Notwendigkeit dazu eingetreten sein sollte, sogar alle Eisenbahndämme in Gärten umgewandelt sein, denn während die Lastenbeförderung sich auf den vorerwähnten Kanälen vollzieht, wird die Personenbeförderung durch die Luft vor sich gehen.

Nicht nur werden die Flugzeuge in beliebiger Richtung sich bewegen, sondern der größeren Sicherheit halber werden sie auf vielen Strecken an starken Drahtseilen oder Luftschienen in kurzen Pausen entlang laufen, in ähnlicher Weise, wie es heute schon bei manchen Schwebebahnen der Fall ist. Auf diese Weise wird eine ungeheure Menge Bodens für den Nahrungsmittelbau und für Wohnzwecke frei werden, der heute in gewissem Sinne tot da liegt. Vorläufig werden wir uns darauf beschränken müssen, auch die Bahndämme selbst zum Bau von Nahrungsmitteln heranziehen.

Und droht einmal in späten Zeiten den jetzt bewohnbaren Ländern des Erdballs tatsächlich eine Übervölkerung, dann wird die Menschheit erst noch die Aufgabe bewältigen, alle Wüsten (z.B. die Sahara), alle Steppen, alle Sumpfgebiete der Erde in bewohnbares Land umzuwandeln.

Bis dahin ist aber die Befolgung der Lehre des Malthus für die Menschheit ein Selbstmord, ein Verbrechen am eigenen Leben, und das umso mehr, als durchaus nicht festgestellt ist, daß jene von Malthus behauptete oder gar errechnete Dauerzunahme der

Bevölkerung der Erde stattfindet. Fast scheint es vielmehr, als sei die Bevölkerungszahl der Erde eine sich nahezu gleichbleibende.

Dafür könnte ein Beweis sein, daß ehemals volkreiche Länder jetzt nur eine dünne Bevölkerung aufweisen und auch der Umstand, daß ganze Völker ausgestorben, verschwunden sind, von deren einst blühendem Vorhandensein Überreste gewaltiger Bauten und Schriftdenkmäler Kunde geben in Schriftzeichen, die niemand mehr entziffern kann, wie sie in den tropischen Urwäldern Yucatans und Mexikos gefunden wurden.

Vielleicht bin ich in der Schilderung des gezeigten Zukunftsbildes etwas zu weit gegangen, so daß die Frage laut wird: „Wie soll dies alles in die Wege geleitet werden? – Unmöglich!" – sagst du, verehrter Leser. *Ich sage Dir, ein „Unmöglich" gibt es nur für den, der nicht will, ein „Unmöglich" gibt es nur für die berühmten (?) „Das-geht-nicht-Leute".* Sollen wir denn das Schaffen solcher Dinge auf politischem Wege, durch Wählen und Abstimmen, durch politische oder gar durch Volkskämpfe mit der Waffe erzwingen?

Keineswegs! Es handelt sich nur darum, daß alle jene, denen an einer Neuordnung der Dinge in diesem Sinne gelegen ist, sich in jedem Volk und Land zu einer Gemeinschaft zusammenschließen, um den Anfang zu solchem neuen Werden zu machen. Wie sich die Bildung einer solchen Gemeinschaft vollziehen wird, wie sie aus den bitteren Zeitnöten unserer Tage als zwingende Notwendigkeit entstehen und werden muß, soll die zivilisierte Welt des Abendlandes in ihrem „Nur-nach-Macht-und-Reichtum-Streben" nicht den gleichen Auflösungsprozess erleben, wie jene Völker, deren Namen und Art wir nicht mehr wissen, das wird an späterer Stelle ausgeführt werden.

Eine Nahrungsmittel und Werte vernichtende Industrie.

Ja, das gibt es doch nicht, daß irgendeine Industrie Werte vernichtet, und daß es gar eine Industrie geben soll, die Nahrungsmittel vernichtet, das ist doch in unserer Zeit der Nahrungsmittelteuerung eine blöde Phantasterei. Ist's nicht vielmehr so, daß, wo nur immer gewerbliche oder industrielle Tätigkeit ausgeübt wird, sie dazu dient, „Werte" zu schaffen? Leider ist's nicht so, leider ist tatsächlich eine Industrie vorhanden, die Nahrungsmittel und Werte in Unmengen vernichtet.

Ja, wenn wir das „Schaffen von Werten" nennen, wenn einer größeren Anzahl Einzelpersönlichkeiten das Geld aus dem Beutel genommen wird, um es in einen oder in einige wenige größere Geldsäcke zusammenzubringen, dann sind alle Industrien „Werte" schaffende.

Als Werte schaffende Industrien oder Gewerbe können aber nur solche bezeichnet werden, die irgendwelche Rohstoffe in solche Gebrauchsgegenstände des notwendigen Bedarfs umwandeln, daß der fertige Gebrauchsgegenstand für seinen Bewerber auf längere Zeit einen Wert darstellt.[10] Ein Schreiner, der einen Stuhl herstellt, auf dem ein anderer Zeit seines Lebens sitzen kann, hat einen „Wert" erzeugt, ein Schneider, der eine Hose näht aus dem Stoff, den der Weber aus Wolle und Baumwolle webte, hat gemeinsam mit dem Weber einen „Wertgegenstand" erzeugt, der

---

[10] Selbstverständlich ist die Landwirtschaft, die auf dem Grund und Boden wertvolle, notwendige Nahrungsmittel erzeugt, ein Wert schaffendes Gewerbe.

jahrelang seinem Besitzer zugute kommt, der jahrelang für den Käufer „Wert" hat. Es kann auch Kunst- und Luxuswerte geben, Werte, die in Dingen stecken, die nicht täglicher Bedarf sind. Solche Luxus- und Kunstgegenstände werden aber in dem Augenblick wertlos, wo für den Besitzer die Beschaffung eines wirklichen Gebrauchsgegenstandes das Wertvollere wird. Unzählige würden heute sich gern ihrer Schmucksachen, ihrer Kunstgegenstände entäußern, wenn sie dafür einen guten Anzug, ein Haus, oder auch nur richtige Nahrung eintauschen könnten.

Ja, so ein Haus, an dem die verschiedenen Handwerker die verschiedensten Rohstoffe und Halbfabrikate zu einem fertigen Ganzen verarbeiten, ist ein echter Wertgegenstand, der unter Umständen jahrhundertelang seinen Wert behält. Daher mag ganz davon abgesehen werden, daß bei dem heutigen Geldstand, bei der Wertlosigkeit unseres Geldes ein vor zehn Jahren erbautes Haus heute den vier- bis fünffachen Wert besitzt, als zur Zeit seiner Herstellung.

Ich mußte diese Beispiele anführen, um desto deutlicher dartun zu können, welche Industrien nun keine wirklichen Werte schaffen. Da hat ein Zigarrenfabrikant aus einem Kilo Tabak zwei- bis dreihundert Zigarren hergestellt. Er bekommt dafür vielleicht das zehn- bis zwanzigfache dessen, was ihn der Tabak selbst gekostet. Er hat scheinbar einen hohen „Wert" geschaffen, und doch ist's nicht so, denn in dem Augenblick, wo der Käufer die Zigarre oder Zigarette verraucht hat, ist dieser Wert vernichtet. Dieser Tabakindustrielle hat also nur die Leidenschaft eines Mitmenschen dazu ausgenutzt, um so schnell wie möglich das Geld des letzteren in die eigene Tasche zu befördern, einen Wert hat er dem Erwerber der Zigarre nicht für sein Geld übergeben.

Ja, noch mehr als das, kaufe ich ein Haus, so kann ich vielleicht ein Leben lang die Befriedigung des Besitzes daran haben, raucht der Raucher eine Zigarre, so wird er nur eine vorübergehende Befriedigung empfinden, eine Befriedigung, der sofort wieder ein neues Unbefriedigtsein folgt mit dem Verlangen, sich aufs neue von diesen im vollsten Sinne des Wortes zwecklosen Zigarren zu kaufen, damit der Wert so schnell wie möglich wieder in die Luft geschickt wird.

Wie viel Milliarden haben die deutschen Zigarren- und Zigarettenraucher allein in den letzten Jahren ins Ausland geschickt[11], wie viel in die Taschen von Buchenlaub- und sonstigen Krautverarbeitern gelenkt, um sich dafür ein wenig blauen Dunst und üblen Gestank vorzumachen.

Also eine Wert schaffende Industrie ist die Tabakindustrie auf keinen Fall, sie stellt vielmehr eine vom volkswirtschaftlichen Standpunkt nicht zu befürwortende Industrie dar, weil in Notzeiten, wie den unseren, sie nicht nur dem Einzelnen das Geld aus dem Beutel lockt, sondern auch Arbeitskräfte bindet, die an anderer Stelle viel vorteilhafter für die Allgemeinheit sich betätigen könnten.

Und doch ist die Tabakindustrie noch das kleinere Übel gegen jene Industrie, die sich mit der Herstellung der geistigen Getränke, mit der Herstellung von Wein, Bier und Schnaps beschäftigt. Auch bei dieser wird dem Käufer ein Gegenstand von nur einge-

---

[11] Es waren gering gerechnet für 4 Milliarden Mark; außerdem wurden in der gleichen Zeit noch für etwa 4 Milliarden Schokolade eingeführt anstatt - echter Nahrungsmittel.

bildetem Wert, etwas Wertloses verkauft. Ja nicht nur Unmengen der allerwichtigsten uns so blutnötigen Nahrungsmittel werden bei ihrer Herstellung im vollsten Sinne des Wortes vernichtet, um dem Erwerber dieser Getränke einen vorübergehenden Rauschkitzel, nicht selten mit nachfolgenden moralischem und körperlichem Katzenjammer zu bereiten. Es mag gern zugegeben werden, daß Wein ein Arzneimittel sein kann, für welchen Zweck natürlich den heute in Deutschland erzeugten Weinmengen gegenüber nur ganz kleine Mengen in Frage kämen.

Da sind nun doch einige Zahlen nötig, um dies dem Leser zu veranschaulichen. An Gerste wurden in Deutschland während der vier Kriegsjahre über 50 Millionen Zentner verbraut – und Kinder, Frauen, Greise hungerten – ja noch mehr *verhungerten* im vollsten Sinne des Wortes, damit ein kleiner Bruchteil des Volkes seinen Rauschtrankgelüsten folgen konnte. – Ja, ist denn nicht Bier ein Nahrungsmittel, ist's denn nicht „flüssiges Brot?" - Keineswegs – und wenn, dann ist's ein solches, dem man etwa Dreiviertel seiner Nährkraft geraubt hat, denn beim Brauen, beim Vergären der vermalzten Gerste wird drei Viertel der Nährwerte der Gerste zerstört.

Der Beweis dafür ist leicht zu erbringen. Zur Herstellung von einem Liter Bier (Friedensware) gebrauchte man rund 220 Gramm Gerste. Diese Gerste wird vermalzt, ausgekocht und diese wässrige Malzabkochung, durch Hefepilze vergoren, zu Bier gemacht. Bei diesem Brauprozess wandeln die Hefepilze den Malzzucker zum beträchtlichen Teil in Kohlensäure um, die in die Luft entweicht, zum anderen Teil in den giftigen Alkohol, der die Rauschwirkung erzeugt, und nur etwa ein Viertel des Malzextraktes bleibt als echtes Nährmittel im Bier enthalten. Dampft man einen Liter solchen Bieres ein, so bleibt ein Extraktrückstand von etwa 40 Gramm. Lässt man die Malzabkochung aus 220 Gramm Gerste nicht vergären, sondern dampft man diese ein, so erhält man etwa 160 Gramm nahrhaftesten Malzextraktes, das sind die vollen Nährwerte der Gerste.

Man rede nicht davon, daß die Rückstände der Bierbrauerei, die Treber, als Viehfutter benutzt werden. Die gleiche Menge Gerste direkt verfüttert, würde viel vorteilhafter ausgenutzt werden. Viel, viel wichtiger aber wäre es gewesen, diese ungeheuren Gerstenmengen zu Nahrungsmitteln für Menschen, zu Brotgetreide, zu verwenden. Der weiße Tod, die Tuberkulose, würde nicht jene Ausdehnung angenommen haben, wie wir sie heute erleben. Es würden nicht über 600.000 Menschen während des Krieges infolge Unterernährung eines frühzeitigen Todes gestorben sein.[12]

---

[12] Laut einer Aufstellung des Reichsgesundheitsamtes betrug die Sterblichkeitszunahme für Berlin im Jahre 1917 gegen 1913 für 1 - bis 5jährige 49,3 %, für 5 - 15jährige 55 %, für 15 - 18jährige 42,2 % für männlich, für 48 - 60jährige 29,2 %, für 60 - 70jährige 35,2 %, für 70-jährige und darüber 40,8 %. Die Geburten, die im Jahre 1913 in Berlin 42.493 betrugen, sind im Jahre 1917 auf 19.458 gesunken, die Todesfälle trotz erheblichen Rückganges der Bevölkerungsziffer von 28.067 auf 34.122 gestiegen.

Die Zahl der in Wien verstorbenen Personen stieg von 32.141 im Jahre 1912 auf 51.497 im Jahre 1918. (Dr. Siegfried Rosenfeld: Die Wirkung des Krieges auf die Sterblichkeit in Wien 1920, Verlag des Volksgesundheitsamtes.) Es starben nach dieser Statistik im Durchschnitt während der Kriegsjahre jährlich 1.500 Männer und 6.000 Frauen mehr als im Jahre 1912. Auch dort hat die Tuberkulose bedeutend zugenommen. Im Jahre 1919 erlagen ihr 5.169 Frauen gegen 2.831 im Jahre 1912. Im ganzen nahmen in Wien bei den Frauen von 1913/14 auf 1918/19 die Todesfälle an Lungentuberkulose um 90 % zu. In manchen Altersklassen hat sich die Zahl der Tuberkulosefälle mehr

Berücksichtigt man ferner jene ungeheuren Mengen von Kartoffeln, die unter vollständiger Zerstörung ihres Nährgehaltes

---

als verdoppelt. Die Statistik sagt ferner: „Diese kolossale Durchseuchung der Bevölkerung lässt für den Zustand der nächsten Generation Schlimmes befürchten. Was sagt man dazu in England: In der Zeitschrift „Common Sense" erschien am 14. Dezember 1918 unter dem Titel: „Northcliffe Press on German babies" ein Artikel, der sich mit den Zukunftsaussichten Deutschlands beschäftigt, die Mr. Mile, ein Vertreter der „Northcliffe-Presse", im „Sunday Dispatch Weekly" auf Grund einer Unterhaltung mit dem als medizinische englische Kapazität geltenden Dr. Saleeby wie folgt für Deutschland schildert:

„Ich gehe weit im Vorausblick auf die Zukunft Deutschlands, spreche aus, daß nicht nur Zehntausenden von noch ungeborenen Deutschen ein Leben physischer Minderwertigkeit vorausbestimmt ist, so gewiss, als sei durch Rechtsverfahren ein solches Urteil gesprochen, sondern daß Tausende von noch nicht erzeugten Deutschen, wenn die Zeit gekommen sein wird, einem solchen Schicksal ins Angesicht schauen werden. Rachitis wird vielleicht die gewöhnliche Form sein, in welcher der untaugliche Deutsche der Nachkriegsperiode angetroffen werden wird. Man nennt in Deutschland die Rachitis „die englische Krankheit. Nun wohl, es kann dazu kommen, daß sie diese Bezeichnung in Zukunft noch besser als in der Vergangenheit verdient; denn die britische Blockade ist an erster Stelle verantwortlich für Deutschlands jetzige fürchterliche Ernährungsnotlage und infolgedessen für die Dauerwirkungen, die deren Folgen sein werden."

Diesen Folgen der Hungerblockade gegenüber war der U–Boot–Verzweiflungskampf Deutschlands wahrhaft ein Kinderspiel. Das mögen sich im Inland und im Ausland all jene gesagt sein lassen, die dieses Aufbäumen eines Volkes zum Lebenwollen als ein Verbrechen bezeichnen möchten. Es fällt wahrhaft schwer, nicht bitter zu werden, nicht zu fluchen denen, die dies hinterhältige Morden verhüllen und ein mannhaftes „Sich-dagegen-Wehren" verurteilen möchten.

in Schnaps umgewandelt wurden, so steht man eigentlich vor einem Verstandesrätsel, oder vor dem rätselhaften Unverstand, daß weder regierende Kreise noch Volk diesen einfachen Weg sahen, durch vollkommenes Brauerei- und Brennereiverbot die drohenden Folgen der Hungerblockade abzuschwächen oder gar uns vor ihnen zu bewahren.

Wurden wir vielleicht so mit Blindheit geschlagen, damit wir durch tiefsten Fall von unserer Überhebung geheilt würden? Ging doch diese Blindheit so weit, daß im Hungerwinter 1916/17, als in den vielen Städten Kartoffeln in beträchtlichen Mengen durch Erdkohlrabi und Futterrüben ersetzt wurden, eine Postkarte herausgegeben und in Massen verkauft wurde, die folgendes Bild zeigte: Hinter einem Tisch sitzt ein feister Spießbürger, vor sich den gefüllten Maßkrug; am Kopf der Karte Vorder- und Rückseite die damals neuen eisernen Geldstücke und unter dem Ganzen die folgende Strophe:

Da jetzt bei dem eisernen Geld,

Die Gefahr wir laufen,

Daß es uns verrosten könnt,

Lasst es uns versaufen!

Und dazu denke man sich die Worte: „An deutschem Wesen soll die Welt genesen!" – Nun vorläufig sind wir, ist das deutsche Volk an diesem seinem Saufwesen elend zugrunde gegangen.

Ich will keine weiteren Rückblicke tun, sonst würde ich davon reden, daß die deutschen Truppen in Frankreich gewöhnlich im Herbst – zur Zeit des neuen Weines – ihre Niederlagen hatten, müsste näher beleuchten, warum in einem Befehl, der sofort nach dem Lesen vernichtet werden sollte, folgendes stand: „Unsere bei Amiens Albert und Soissons gut fortschreitende Offensive kam zum Stehen, weil die Soldaten von dem erbeuteten Alkohol sinnlos betrunken waren und ihren Führern nicht mehr gehorchten."[13]

Wie sagte ein Teilnehmer an einer dieser letzten Schlachten, der Oberleutnant Dr. Scharpf, in einem Vortrage: „schrecklich war der Anblick des Schlachtfeldes, das buchstäblich mit Toten und Verwundeten besät war, aber das Fürchterlichste war mir, als unsere Ersatztruppen in völlig berauschtem Zustande eintrafen, und als ich meine Leute nur mit Mühe und nur zum Teil in den vom Feind verlassenen Orten aus den mit Wein und Spirituosen gefüllten Kellern herausbekommen konnte." Dazu mag bemerkt sein, daß der Erzähler nicht etwa ein geschworener Enthaltsamer ist.

Ja, leider war's so, Deutschland konnte, trotzdem es die größte Ursache zur mannhaften Nüchternheit hatte, trotz seiner Nahrungsmittelnot nicht los von seinen Saufsitten,[14] und das freie Amerika schaffte trotz seines Überflusses an Nahrungsmitteln noch vor Kriegsschluss das Bierbrauen und Schnapsbrennen und den Handel mit Rauschgetränken ab. Aber auch das neue freie Deutschland kann noch heute nicht los von diesen Ketten, die unbedingt gebrochen werden müssen, wollen oder sollen wir

---

[13] Aus „Der Alkohol im Weltkriege" von Dr. Richard Ponickau, Vortrupp Verlag Hamburg. Diese Schrift sollten alle lesen, die sich über diese Frage unterrichten wollen.

[14] Man verzeihe die mitunter derbe Redensweise, aber es fällt dem aufmerksamen Beobachter schwer, ob all unserem Unverstande sich in seinen Redensarten zu ergehen

einen neuen sittlichen, wahrhaft kulturellen Aufstieg noch einmal erleben.

Wieder ist's die Bodenfrage, die Frage von der rechten Verwendung des uns anvertrauten Bodens, die auch hier zutage tritt. Etwa eine Fläche, so groß wie das Königreich Sachsen wurde vor dem Kriege gebraucht um die Rohmaterialien (Gerste, Kartoffeln, Hopfen, Trauben) für die Rauschtrankerzeugung, für eine Werte und Nahrungsmittel vernichtende Industrie zu bauen. Würden wir diese Bodenfläche in rechter Weise zur Nahrungsmittelerzeugung ausnutzen, wahrhaft wir hätten nicht Hunger zu leiden brauchen,[15] dem Ausland s. Zt. nicht unerschwingliche Preise für Nahrungsmittel zahlen müssen.

Aber nicht nur ist die Industrie der Rauschgetränke eine solche, die zum Schaden der Gesamtheit echte Nahrungsmittel in ganz bedeutenden Mengen in wertlose oder sogar giftige Genußmittel umwandelt, sie ist in fast allen ihren Endwirkungen keine Werte schaffende sondern eine Werte vernichtende Industrie.
Sie vernichtet infolge der giftigen Rauschwirkung der von ihr erzeugten Genussmittel sittliche, geistige, sachliche Werte in unbe-

---

[15] Ähnliches, nur nicht im gleichen Umfange, wäre auch bei der Tabakfrage zu sagen. Auch für den Tabakbau werden in Deutschland gewaltige Bodenflächen benötigt. Geschah es doch in den Kriegsjahren, daß einzelne Landorte ihren Tabakbau des hohen Gewinnes wegen so vergrößerten, daß sie nicht einmal den Kartoffelbedarf für die eigene Gemeinde erzeugten, sondern als Konsumenten für Kartoffeln in Konkurrenz mit den Städten traten. Wieder war es der schrankenlose Mammonismus, die Geldgier einzelner, die es fertigbrachte, den eigenen Bedarf an Lebensmitteln in Frage zu stellen, nur um schneller und mehr Geld zu machen.

schränktem Ausmaß. Sie war der Nährboden für etwa 200.000 notorische Säufer,[16] die sie im Frieden in Deutschland im Durchschnitt alljährlich zeugte. Was diese Zahl an Tränen und Jammer, an Kummer und Elend, an Not und Tod bedeutet, das kann nur der ermessen, der sich einigermaßen mit dieser Frage beschäftigt hat. In der Vorkriegszeit, als große Massen der Völker in einem materiellen Glückstaumel schwelgten, konnte sich das deutsche Volk scheinbar den Luxus dieser Volkskrankheit erlauben, heute in Zeiten der größten Armut ist es ein Verbrechen, daß Rauschgetränke aller Art überall frei in unbeschränkten Mengen käuflich sind, während hunderttausende deutsche Familien ohne ein rechtes Heim sind, während die Mittel fehlen, Wohnungen in genügender Zahl zu schaffen.

Zeit ist Geld – ein altes aber wahres Sprichwort – ist es aber wirklich wahr, dann ist die Industrie der Rauschgetränke der „Zeitmörder", der „Zeittotschläger" von Anfang. Wir haben es jetzt so weit gebracht, daß die Arbeitszeit der Angestellten, die Zeit zum reinen Gelderwerb auf acht Stunden beschränkt ist. Daraus kann unermeßlicher Segen erwachsen, wenn der Einzelne die Gelegenheit hat, die erlangte Freizeit zum Vorteil seiner Familie, für häusliche Arbeit, für Gartenarbeit, für Kleintierzucht, für Körper-, Geistes- und Seelenpflege zu benutzen. Sie wird zum Fluch, wenn sich der Deutsche – ob Arbeiter, Angestellter oder Arbeitgeber nicht frei macht vom Wirtshaus, wenn er nach wie vor seine freie Zeit in der Hauptsache im Wirtshaus verbringt, um dort Zeit und Geld in unnötiger Weise zu verschwenden.

---

[16] Die Zahl umfaßt noch nicht einmal alle (Säufer nicht Trinker), die gerichts- bezw. behördlich bekannt wurden, sie alle waren einmal „Mäßige".

Hätte das deutsche Volk und mit ihm die Masse der sogenannten zivilisierten Nationen alle in den Wirtshäusern und beim Trinken verbrachte Zeit und alle in der Rauschtrankindustrie in den letzten hundert Jahren aufgewandte Arbeit dazu benutzt, die Bodenverhältnisse zu verbessern, um die Bodenerzeugnisse zu vermehren, es brauchten keine Kriege geführt werden um das tägliche Brot oder um Absatzgebiete für die Übererzeugung eines entarteten mammonistisch gerichteten Industrialismus[17].

---

[17] Etwa 1,5 Millionen Menschen werden von dem Rauschtrankgewerbe in Deutschland zur Erzeugung und zum Vertrieb in Anspruch genommen. Scheinbar ist's ein Beweis für die hohe volkswirtschaftliche Bedeutung. Aber auch nur scheinbar, denn „Werte" schaffende Arbeit haben diese anderthalb Millionen in Wirklichkeit nicht geleistet. Die große Masse von ihnen mußte arbeiten, um verhältnismäßig ganz wenigen Kapitalisten den Beutel straffer zu füllen. Die meisten von ihnen werden finanziell und gesundheitlich „Opfer" ihres Berufes. Man denke daran, daß laut Statistik der Lebensversicherungsgesellschaften Kellner, Wirte und Brauereiangestellte die kürzeste Lebensdauer haben, denke daran, daß die meisten Wirte nur Pachtwirte (Zäpfler) sind, die, nachdem sie in Form einer Kaution ihr kleines Vermögen der Brauerei aufgeopfert und die Männer, vielfach gezwungen durch den Beruf, das Trinken, zu deutsch „Saufen" gelernt haben, rücksichtslos vor die Türe gesetzt werden, um einem neuen, tüchtigen Ehepaar, das natürlich wieder kautionsfähig sein muß, Platz zu machen. Man lese nur einmal die Verträge, die zwischen Brauereien und Pachtwirten abgeschlossen werden; sie sind überaus lehrreich. In den letzten 30 Jahren hat Deutschland etwa 100 Milliarden Mark (jährlich 3 – 4 Milliarden) durch die Kehle gejagt, dem Saufteufel geopfert. Was hätte mit diesen 100 Milliarden Mark von den 1.5 Millionen in der Alkoholindustrie Beschäftigten geleistet werden können. Jeder deutsche Arbeiter hätte ein eigenes Häuschen, ein eigenes Gärtchen oder Stückchen Land sich in jener Zeit schaffen können. Jetzt steht Deutschlands Arbeiterschaft

Wer an den Wiederaufstieg des deutschen Volkes glaubt, wer helfen will, einen sittlichen Wiederaufbau zwischen den Völkern, in den einzelnen Völkern herbeizuführen, wer für seine eigene Familie eine gesunde Grundlage für ein neues Werden vorbereiten will, der hat die sittliche Pflicht, zwischen sich und der Rauschtrankindustrie mit ihren unseligen Folgeerscheinungen einen deutlichen Strich zu ziehen, der muß in seinem Haus, in seiner Familie dieser unzählige Werte vernichtenden Industrie tatkräftig die Türe weisen. Amerika und die Amerikaner haben dies als Staat und Volk verstanden. Werden wir Deutsche bereit sein zu lernen?

Ein unrühmlicher Ruhm.

Das deutsche Volk genoss den Ruhm, von allen Völkern der Erde den größten Fleischverbrauch zu haben. Inwieweit dieser große Fleischverbrauch Hand in Hand ging mit den Trink- und Wirtshausgewohnheiten mag dahingestellt sein. Jedenfalls hat dieser ungeheure Fleischverbrauch nicht dazu beigetragen, das Volk in seiner Gesamtheit in gesundheitlicher oder sittlicher Beziehung auf eine höhere Stufe zu bringen. Es mag je nach der Individualität des Einzelnen diesen oder jenen leistungsfähiger gestaltet haben. Allerdings wird dies von solchen, die auf jeden Fleischgenuss verzichten, tatkräftig bestritten unter Beibringung von mancherlei Beweisen. Es würde zu weit führen, im einzelnen

---

vor leeren Fässern, die ihr nicht gehören, hat nichts zu brocken und zu beißen, und die Wohnnot ist unerträglich geworden. Nein, die Industrie der Rauschgetränke schafft keine Werte, wo sie sich breit macht zerstört sie materielle, geistige und sittliche Werte. Hätten wir, hätten wir - -

dieser Frage nahezutreten. Es mag auch zugegeben werden, daß die Frage des Fleischgenusses eine Klimafrage ist, aber auf einen mit diesem Massenfleischverbrauch verbundenen Übelstand mag nachdrücklichst hingewiesen werden.

Dieser Massenfleischverbrauch war ebenfalls eine der großen Ursachen, daß unsere Ernährung im Kriege so große Not litt. Dieselben Futtermengen, die zum Aufziehen des Viehes benutzt werden, damit dies wieder als menschliches Nahrungsmittel diene, konnten in anderer Form viel mehr Menschen oder die gleiche Zahl Menschen viel länger ernähren. Es ist Unsinn, eine große Zahl Zentner Kartoffeln und Getreide zum Auffüttern von 10 Schweinen zu benutzen, wenn in der gleichen Zeit 50 Menschen von diesen Nährmitteln ihren Unterhalt hätten fristen können. Auch hier handelt es sich wiederum um richtige Ausnutzung des Bodens. Bei Einschränkung des so furchtbar übertriebenen Fleischgenusses ist die Möglichkeit vorhanden, auf der gleichen Bodenfläche einer bedeutend größeren Zahl Menschen Unterhalt zu gewähren, als dies bei ausgedehnter Viehhaltung geschehen kann.

Immer wieder muß darauf hingewiesen werden, daß die Entwicklung der Lebensgewohnheiten der Völker in den letzten hundert Jahren eine falsche war. Wenn wir uns nicht diese Erkenntnis zu eigen machen, werden wir nicht zu einer Erneuerung kommen, und nur derjenige wird mit Erfolg an dieser Erneuerung der Völker mitarbeiten können, der sich diese Erkenntnis rückhaltlos für seine Person aneignet und für sein Leben und das Leben seiner Familie die Folgerungen daraus zieht.

Ungehobene Schätze.

Ich habe bis jetzt davon gesprochen, wie so manches anders hätte sein können, wie vieles wird anders werden müssen, wenn wir für die nachkommenden Generationen ein wahrhaft freies, unabhängiges Sein schaffen wollen. Ich habe schon darauf hingewiesen, in welch' nie gutzumachender Weise wir mit dem wichtigen Urstoff für die Nahrungsmittelerzeugung, mit dem menschlichen Dungstoff, umgegangen sind. Wir hatten und haben noch andere heimatliche Schätze, die wir über die Gebühr vernachlässigten, Nahrungsmittel in Hülle und Fülle, die uns fast allerorten kostenlos in den Mund wachsen.

Es sind dies die wildwachsenden Nahrungs-, Heil- und Nutzpflanzen, von deren Vorhandensein die große Masse unseres Volkes trotz aller durchgemachten Nöte keine Ahnung hat, oder deren Benutzung die meisten Leute trotz aller Aufklärung misstrauisch gegenüber stehen. Ja, wenn irgend ein unbekanntes Etwas mit hochtönendem Namen in seiner Verpackung, möglichst aus dem Ausland stammend, angepriesen wird, dann wird es gekauft, aber selbst aus Flur und Wald irgendwelche Pilze oder Wildgemüse oder Wildsalate einsammeln, das ist für viele Leute trotz aller Not doch nicht vornehm, für andere nicht bequem genug.

Allerdings muß man sagen, daß es vielfach gerade sogenannte bessere Leute waren und sind, die nicht willkürlich ihr Einkommen steigern konnten, welche mit Lust und Liebe daran gingen, sich das Wissen von diesen wildwachsenden Nahrungsmitteln und Heilschätzen zu eigen zu machen, um den Speisezettel reichhaltiger zu gestalten, den Kochtopf hier und da etwas besser füllen zu können.

Ich darf aus Gründen der Wahrhaftigkeit nicht verschweigen, daß die weitaus größere Masse unseres Volkes trotz aller Not auch heute noch vielfach zu bequem, durch die Vorkriegszeit zu verwöhnt ist, um diese wildwachsenden Nahrungsmittel auszunutzen. Nur das hat für viele einen Wert, was für teures Geld im Laden gekauft werden kann. Allein in Gegenden, wo früher schon infolge schlechter Verhältnisse die Bevölkerung gezwungen war, sich mit dieser Notnahrung bekannt zu machen, weiß man diese zu schätzen.

Welche Unmengen von Nahrungsmitteln, von Pilzen, von Wildgemüsen und Wildsalaten verkommen alljährlich ungenutzt am reich gedeckten Tisch unserer heimischen Wälder und Fluren? – Ich habe mit meiner Familie während des ganzen Jahres 1919 und 1920 im Frühjahr kein anderes Spinatgemüse gegessen, als solches, das aus Nessel, Taubnessel und dem sogenannten „Guten Heinrich" bereitet war. Ebenso sind im Frühjahr 1919 und 1920 wenige Tage vergangen, an dem nicht eine wohlgefüllte Schüssel Wildsalat aus Scharbockskraut den Tisch geschmückt und bereichert hätte. Aber wer wird denn Nesselgemüse essen? Das ist doch nicht fein! – O, wenn die guten Leute wüssten, daß diese nicht überdüngten Wildgemüse einen viel angenehmeren Geschmack besitzen, als der echte Spinat, daß Nesselgemüse viel wertvoller, gehaltreicher und anregender ist als das aus Gartenspinat bereitete Gemüse.

Ich habe von Wildgemüsen und Wildsalaten nur jene genannt, die fast überall und in Mengen vorkommen. Ihre Zahl ist ganz beträchtlich größer. Die genannten Wildgemüse wurden ferner in meinem Haushalt für den Winter in solcher Menge eingedünstet, daß es jede Woche mindestens einmal davon geben konnte. Die dazu nötigen Pflanzen wurden bei nur drei oder vier kurzen Ausflügen in unmittelbarer Nähe meines Wohnortes in wenigen Stunden eingesammelt.

Speisepilze, dies köstliche Fleisch des Waldes, wurden bei erfrischenden Waldspaziergängen während des ganzen Sommers für den sofortigen Gebrauch, zum Eindünsten oder zum Dörren immer wieder in allen möglichen Sorten eingesammelt, um in mannigfachster Weise die verschiedenartigsten wohlschmeckendsten Gerichte zu geben.

Etwa 50 Millionen Kilo Speisepilze sollen die deutschen Wälder alljährlich hervorbringen – kostenlos wachsen sie allen denen in den Mund, die nicht zu träge sind, sie kennen zu lernen und sich zu bücken. Es ist aber vornehmer, algerischen Blumenkohl und ausländisches Gemüse für teures Geld zu kaufen. Die heimischen Pilze, die mindestens ebenso nahrhaft, in vielen Arten aber nahrhafter als Gemüse – diese herrliche wohlschmeckende Gottesgabe lassen wir in weiten Gegenden unseres Vaterlandes achtlos verkommen. Dabei lässt sich ihr Vorkommen, ebenso das Vorkommen von Beerenkräutern, deren Früchte zur Herstellung von Obstmus und Fruchtsäften dienen, im Walde an ihren natürlichen Standorten durch einfache, nahezu kostenlose Halbkultur noch bedeutend fördern, hätte sich schon lange fördern lassen, wenn wir die ungeheuren Waldflächen, die uns zur Verfügung stehen, für diese kostenlose Nahrungsmittelerzeugung ausgenutzt hätten, anstatt in eigentlich herzlich plumper Weise nur auf die Holzerzeugung zu sehen, um durch diese Geld und abermals Geld für Staatssäckel und Privatkapital hereinzubringen.[18]

Ich glaube an früherer Stelle dargetan zu haben, daß Reichtum und Wohlstand zwei grundverschiedene Dinge sind, aber kein Kubikmeter Holz wäre weniger gewachsen, hätten wir dem Waldboden die rechte Pflege angedeihen lassen, um auf ihm Nahrungsmittel in Massen zu erzeugen, die schließlich auch – wenn nun auf jeden Fall gehandelt sein muß - Rohstoffe für Exportwaren der verschiedensten Art – unabhängig vom Ausland – abgeben würden.

Ja, wenn nicht solche „Auslandswaren" gewesen wären und zum Teil noch wären. Schiffsladung auf Schiffsladung Jute und Baumwolle haben wir als Rohstoff für das Gewerbegebiet eingeführt. Daß wir in der Lage waren, aus der verachteten Brennessel, die als Schattenpflanze in Unmengen in Wäldern sich mühelos anbauen ließe, wertvolle Gewebefaser zu erzeugen, die für Jute einen mehr wie vollwertigen Ersatz, für Baumwolle eine wertvolle

---

[18] Man vergleiche die Abhandlung „Neue Wege in der Waldpflege" in der Zeitschrift Pilz- und Kräuterfreund, Jahrg. III, Heft 7. Sehr guten Aufschluss über die „Kultur von Speisepilzen auf Holzstubben" gibt Professor Falck in einer diesbezüglichen Schrift. Alljährlich verfaulen Millionen Laubholzstubben in deutschen Wäldern, die mit wenig Mühe als Nährboden für Speisepilze benützt werden könnten. Japan ist in der Zucht von Speisepilzen auf altem Holz den europäischen Völkern um Jahrhunderte voraus. Die vorerwähnte Schrift wird von der „Pilz- und Kräuterzentrale Heilbronn am Neckar", einer gemeinnützigen Forschungs- und Arbeitsgemeinschaft von Botanikern, Pilzforschern und Pilzfreunden zur Förderung des Wissens und der Verwendung der wildwachsenden Nutzpflanzen herausgegeben.

Ergänzung sein könnte, daran haben wir nicht gedacht. Wir wollten nur *schnell* reich werden, und anstatt zum Herrn sind wir zum Sklavenvolk der Welt geworden.

Es ist höchste Zeit geworden, daß wir uns auf uns selbst besinnen, daß wir die ungehobenen Schätze unseres eigenen Landes richtig kennen lernen, richtig ausnutzen und zu Nutz und Frommen unseres Volkes verwerten.

Allerdings, wenn in unserer neuen freien Zeit Polizeiverordnungen möglich sind, wie die nachfolgende im Frühjahr 1920 vom Regierungspräsidenten in Breslau erlassene, dann braucht es nicht Wunder zu nehmen, wenn über solche Vergewaltigungen der persönlichen Freiheit manchen Leuten der Verstand still steht und sie in der gleich unverständigen Weise, sich ein eigenes Faustrecht schaffen. Die Verordnung lautet: „Das unbefugte Sammeln von Beeren und Pilzen im Walde hat in den letzten Sommern einen Umfang angenommen, der die im volkswirtschaftlichen Interesse noch wichtigere Versorgung der Land- und Forstwirtschaft mit Arbeitskräften gefährdete.

Die in § 22 der Polizeiverordnung vom 18. Juli 1882 festgesetzte Geldstrafe wirkt bei dem heutigen Geldwerte in keiner Weise mehr abschreckend. Der Regierungspräsident hat daher durch Polizeiverordnung dieses Strafmaß dahin erhöht, daß künftighin die unbefugten Sammler Geldstrafen bis zu 60 Mark treffen können."

Es erübrigt sich, auch nur ein einziges Wort über diese Verordnung zu sagen. Als ob sich die Landarbeiter und Forstarbeiter aus den Kreisen der Städter rekrutieren, die in ihrer Freizeit Pilze sammeln, um den Hunger zu stillen.

Die Kleider- und Hausratsnot.

Es gab eine Zeit, es war kurz vor dem Krieg, da konnte man einen fertigen Männeranzug für 25 - 30 Mark erwerben. Gewiss war das nichts hervorragendes, aber dennoch war solch ein Anzug bedeutend besser als ein Notanzug für Unbemittelte, der heute das Zehnfache kostet. Für 80 – 100 Mark, das heißt etwa für das frühere halbe Monatsgehalt eines mittleren Angestellten, konnte man aber einen Anzug beim Schneider machen lassen, der besonders inbezug auf die Zutaten noch immer besser war als in unserer Zeit ein Anzug für 1000 Mark, der bald zwei Monatsgehälter eines mittleren Beamten aufzehrt.

Eine Wohnungseinrichtung für zwei Zimmer mit Küche war in der Vorkriegszeit in guter Ausführung mit allem was dazu gehört für 2500 – 3000 Mark zu erwerben, heute genügt nicht die sechsfache Summe, um nur das Notwendigste für eine solche Wohnung zu erwerben.

Der alleinstehende Arbeiter, der unverheiratete Angestellte kann mit seinem Einkommen, das gegen frühere Zeiten eine schwindelhafte Höhe erreicht hat, einigermaßen auskommen. Die Familienväter und alle jene, die einen eigenen Hausstand, eine Familie gründen wollen, stehen infolge der Teuerung vor einem Abgrund. Schlagen wir nicht ganz neue Wege ein, so ist die unausbleibliche Folge, daß die große Masse nicht nur des deutschen Volkes, sondern ganz Mitteleuropas, ja vielleicht der ganzen zivilisierten Welt, in eine Verarmung versinkt, wie sie kaum die Zeit des Dreißigjährigen Krieges aufzuweisen hatte.

In jener Zeit konnte der geschickte *vielseitig* gebildete Handarbeiter sich wieder durch seiner Hände Arbeit aus seinem Elend heraushelfen. Heute sind die Massen der persönlichen Handfertigkeit, der persönlichen Beziehung zu der sie umgebenden Welt und Natur entrückt. Zwischen den Einzelnen und seine Umwelt, die er mit seinem Geist, seinem Erkenntnisvermögen nach vielen Richtungen durchdringen, für sich ausnutzen und ausschöpfen sollte, hat sich die Maschine gestellt. Eine bis ins kleinste gehende Arbeitseinteilung hat den Einzelnen als lebendige Zelle des Volkskörpers ausgelöscht, hat ihn zu dem mechanischen Teil einer großen Erwerbsmaschine gemacht, in der er nur von dem Standpunkte gewertet ist, ob seine Kraft dazu dienen kann, Geld, Geld und nochmals Geld zu machen.

Das aufs vielseitigste veranlagte Herrengeschöpf „Mensch" hat man in der Masse seiner Erscheinungsformen zu einem einseitigen und ewig einförmig arbeitenden Maschinenteil gemacht. Das hat den Einzelnen entwürdigt, hat ihn in seiner Menschenwürde in durchaus unberechtigter Weise beleidigt, noch mehr deshalb beleidigt, weil man ihn nicht selten fühlen ließ, daß er nur so ein unpersönlicher, jederzeit ersetzbarer Maschinenteil ist. Das ist dem Einzelnen und den Massen nicht immer zum Bewußtsein gekommen, aber diese Zustände schufen bei den Einzelnen, wie bei den Massen eine innere Spannung, die zur erregten Auslösung kam als das Mindeste, was dieser Maschinenteil wohl verlangen konnte, die Befriedigung des einfachsten Bedürfnisses, die Befriedigung des Sättigungsbedürfnisses nicht erfüllt werden konnte.

Nicht das, was gemeinhin Kapitalismus genannt wird, sondern der Mammonismus, das ist die schrankenlose Gier nach Reichtum und Macht, die im Menschen nichts weiter sah als ein Stück einer Arbeitsmaschine, hat den Krieg mit all seinen heute noch scheinbar unseligen Folgen herausbeschworen. Es ist mehr wie müßig, irgendeinem Volke der zivilisierten Welt die Schuld oder Hauptschuld am ganzen Völkermorden aufdrängen zu wollen. Es ist blutiger Hohn, wenn fremde Völker dem deutschen Volke den Makel des Kriegsurhebers beilegen, wenn sie in Deutschland den Kriegsverlängerer sehen wollen, aber es ist Wahnsinn und Verbrechen, wenn Deutsche selbst einzelne Deutsche für das unselige Kriegsgeschehen verantwortlich machen wollen, das einem fürchterlichen Verhängnis gleich über die Völker der zivilisierten Welt hereinbrach, hereinbrechen mußte, um diese sogenannte zivilisierte Welt, um diese in ihrer Entwicklung irregeleitete Christenheit, wieder auf den Weg der Menschheit und Menschlichkeit zurückzuführen.

Allerdings noch ist herzlich wenig davon zu merken, daß Führer und Volk bereit wären, neue Wege einzuschlagen, die zu einem befriedigenden Zusammenleben in einer rechten Volksgemeinschaft führen könnten. Noch steht alles unter dem Banne einer unseligen Parteizerrissenheit, unter einem völlig unfruchtbaren Parteiwesen. Man kann sich nicht genug wundern, daß sich noch immer – ich weiß keinen anderen Ausdruck – so herzlich Dumme und Unwissende finden, die sich einem Parteischematismus unterordnen, der auf keiner Seite, weder rechts noch links auch nur die geringsten befriedigenden Erfolge aufzuweisen hat.

Daß die Lohnpolitik, das heißt jene Methode, andauernd Lohnsteigerungen zu erzwingen, nicht der Weisheit letzter Schluss ist, das dürfte, nachdem jeder Steigerung im Einkommen eine desto größere, in den Ausgaben für den täglichen Bedarf folgt, wohl bald, auch dem Kurzsichtigsten klar werden, das zeigen die am Anfang dieses Abschnitts gegebenen Zahlen über die Kosten eines Anzugs, einer Wohnungseinrichtung im Verhältnis zum Einkommen.

Wie ich rücksichtslos ausgesprochen habe, daß der mammonistische Industrialismus ein großer Irrtum für die Entwicklung der zivilisierten Völker war, so darf ebenso rücksichtslos gesagt werden, daß das, was sich in den Völkern heute als Sozialismus offenbart, nur ein Zerrbild dessen ist, was sich der einzelne – soweit er überhaupt dachte – unter „Sozialismus" vorgestellt hat. Der Sozialismus unserer Tage, der da meint, mit Streik und Arbeitsverweigerung durch Erzwingung höherer Löhne die Aufgaben der Zeit lösen zu können, ist in Wirklichkeit gar kein Sozialismus, er ist nur der Mammonismus des entgegengesetzten Endes. Er ist genau derselbe Mammonismus wie der, der unsere technische Entwicklung im Industrialismus mit harten Klammern sich untertan gemacht hat, nur daß er im Sozialismus seine scharfen Krallen in das Herz der Massen eingebohrt hat, in den Massen den Wahn hervorgerufen hat, daß Geld und Geldeswert das Mittel sei, aus dem Elend und der Unfreiheit heraus zum Glück und zur Freiheit zu gelangen.

Das aber ist der gewaltige große Irrtum unserer Tage, der Irrtum, der dazu geführt, daß die Völker einander, jetzt die Volksgenossen sich gegenseitig blutig zerfleischen.

In der Vorkriegszeit litten die Völker unter einer erdrückenden Übererzeugung von allen möglichen Gütern. Mit allen Mitteln einer fein ausgeklügelten Werbekunst wurde, wie schon früher erwähnt, in den Massen das Bedürfnis nach allen möglichen überflüssigen Dingen wachgerufen. Schund an allen Ecken und Enden, Waren-Schund, Kunst-Schund, geistiger Schund machten sich überall breit und verwirrten das Urteil des einzelnen. Schließlich wurden die Massen so urteilslos, daß sie – nur ach so willig – mit größter Geschwindigkeit sich das Geld auch für den wertlosesten Schund aus dem Beutel locken ließen.

Mit aller Gewalt wurde darauf losfabriziert, als ob Rohmaterialien und Kohlen nie ein Ende nehmen könnten, nicht um wirkliche Bedürfnisse zu decken, sondern um mit andauernd sich steigender Schnelligkeit, ja geradezu mit einem wahren Wahnsinnstaumel Waren, immer neue Waren zu erzeugen, die gehandelt werden konnten um – Geld zu machen.

Bedürfnislosigkeit, Einfachheit, das Sichbeschränken auf das Notwendige, wie es in vielen kleinbäuerlichen Kreisen doch noch Sitte blieb, wurde zur Schande. Wer nicht mitmachte im großen Hexensabbath, war einfach ein „Bauer".
Jetzt können die Massen aus dieser gewaltsam angezogenen Bedürfnisgier nicht mehr heraus. Man *„muß"* einfach dies und das haben, *„muß"* dies und jenes mitmachen, um auf der Höhe zu scheinen. Das Kleid der Dame – und wer ist nicht alles Dame, der Cutaway – (ist's nicht ein wunderbares Wort) *„muß"* nach neuestem Schnitt sein. Mein Mann hat sich jetzt einen neuen „Kuttawaih" – Anzug machen lassen, sagte mir vor nicht zu langer Zeit die Frau eines kleineren Angestellten. Ja hätten wir uns lieber eine einfache Kutte angeschafft und darunter ein lebendig frisches Herz bewahrt, wir brauchten wahrhaftig nicht ein großes „Wehgeschrei" anzustimmen.

Dann brauchte nicht eine so lächerliche Reichsratsverordnung erlassen werden,[19] die verbieten will, daß in den Familien abgetragene Kleidungsstücke zertrennt und als Lumpen verkauft werden. Das ist allerdings eine Verordnung, die zu Zeiten des krassesten Absolutismus unmöglich gewesen wäre. Aber in unserer Zeit der goldenen oder wohl richtiger gesagt der papierenen Freiheit, da frisst das Volk derartige weisheitsvolle Verordnungen, die in das allerpersönlichste Wirtschaftsleben der Familie eingreifen, da schluckt die Gesamtheit des deutschen Volkes derartige Verordnungen herunter, ohne mit der Wimper zu zucken.

Soll damit nun etwa der heutigen Regierungsform ein Vorwurf gemacht werden? – Keineswegs, es soll damit nur gezeigt werden, wie eine unzählige Vielregiererei eingerissen, die einreißen mußte als Fortsetzung jener Gängelbandmethode, die dem Einzelnen auf Schritt und Tritt Vorschriften machte, ihn zur Unselbständigkeit erzog.

Das jahrhundertelang anerzogene Wesen des Bürokratismus und Militarismus hat sich in vergrößertem Ausmaß auf einen Scheinsozialismus übertragen, um genau wie der Überindustrialismus es in seiner Mammonsgier tat, aber nun auf gesetzlichem Wege die einzelnen zu willenlosen Teilen eines Staatsganzen zu machen, ja noch viel mehr, um jetzt noch viel mehr Staatsschmarotzer zu erziehen, anstatt daß der einzelne dazu gebracht wird, zu einem für sein Wohl und Wehe, für sein Tun und Lassen selbstverantwortlichen Wesen, zum selbstbewußten, wahrhaft freien Menschen zu werden. Anstatt daß der Einzelne zum Willens- und Tatmenschen oder wie man sonst zu sagen gewohnt war, zum Charakter wird, möchte das heutige Parteiwesen den

---

[19] Ende April 1920

Einzelnen zum Herdentier stempeln. Jedes Persönliche soll erdrosselt werden, eine gesetzliche Gleichmacherei, die allem wahren Freiheitsempfinden hohnvoll ins Gesicht schlägt, ist eingerissen.

Nein und tausendmal nein, unsere Zeit der tariflichen Entlohnung nach Alter und Arbeitszeit ohne Rücksicht auf die Arbeitsleistung, unsere Zeit der Arbeitslosenunterstützung ohne Rücksicht darauf, ob der zu unterstützende Arbeitslose nicht irgendwo seine Kraft für irgendeine werteschaffende Tätigkeit ausüben könnte, unsere Zeit steht im Zeichen der elendesten Versklavung, einer geistigen Unfreiheit, eines Schmarotzerwesens, wie es ärger nicht gedacht werden kann.

O welche Erbärmlichkeit, wenn bei jeder Gelegenheit der Einzelne nach der Staatshilfe schreit. Was alles soll nicht der Staat für den Einzelnen tun? –
Und über dem allen, über dieser ganzen Masse ohne Tatkraft, ohne Wollen, ohne Verantwortlichkeitsgefühl, ohne Pflichtbewusstsein, über dieser ganzen wesenlosen Genießermasse, ob sie sich nun aus einem marklosen Bürgertum, aus Angestellten oder Arbeitern oder anderen sogenannten „Ständen" zusammengesetzt, über dieser Masse schwebt eine Wolke von Aasgeiern, von Ausbeutern, Schiebern und Wucherern, die sich die Tatenlosigkeit eines vom Scheitel bis zur Sohle tiefkranken Volkskörpers zunutze machen, um wahre Orgien der Mammonsgier zu feiern.

Wer kann da helfen? – Wie kann geholfen werden? – Nur eine mannhafte Selbsthilfe, ein Zusammenschluss zu einer großen Bedarfs- und, soweit nötig, zu einer Arbeitsgemeinschaft kann hier Abhilfe bringen. Allerdings, solche Gemeinschaft darf nicht dazu sein, ihren Teilnehmern hohe Dividenden, ihren Leitern hohe Vergütungen zu zahlen, *sie muß gegründet sein auf der grundlegenden Erkenntnis, daß wir Menschen dazu da sind, nicht von – oder gar gegeneinander zu leben, sondern, daß es unsere heiligste Aufgabe ist, mit- und füreinander zu leben.*

Es wird gefragt, ja wo soll das Geld für solche Zwecke herkommen? – So leicht, wie die Frage gestellt ist, ist sie beantwortet. Wenn es heute möglich ist, daß durch die Bedarfsnotwendigkeit einiger tausend Personen, *die einzeln hilflos dastehen*, eine Lederfabrik über 100 Prozent Dividende verteilt neben Zahlung beträchtlicher Vergütungen an leitende Persönlichkeiten des Betriebes, dann sind die gleichen tausend Personen, die indirekt die Abnehmer dieser Lederfabrik sind, in eine Gemeinschaft vereinigt eine Macht, die bei nur einigermaßen geschickter Ordnung (Organisation) in der Lage sein werden, als Selbstversorger für das, was sie an Kleidung und an wichtigstem Hausrat gebrauchen, aufzutreten[20]. Allerdings, eins wird Richtschnur sein müs-

---

[20] Die fragliche Fabrik befand sich in der Nähe Hamburgs. Die heute von politischer Seite vorgeschlagene „Sozialisierung" einer solchen Fabrik würde in keiner Weise dazu beitragen, das Leder und die daraus hergestellten Schuhe zu verbilligen. Im Gegenteil, die Arbeiter dieser Fabrik werden das größte Interesse daran haben, daß noch höhere Preise erzielt werden, damit ihr Lohn noch weiter steigen könne. Ähnliche sozialisierte Fabriken würden sich zur Preissteigerung genauso vereinigen und vertrusten, wie es heute der Fall ist. Das allgemeine Elend würde stets nur für kurze Zeit für einzelne Erwerbsgruppen beseitigt werden. Der dauernde Notleidende wäre stets der geistige Arbeiter, der Beamte, der kleine Rentner, die Witwen und Waisen und zuguterletzt immer wieder der Arbeiter und Angestellte. Es wäre das

sen: nicht können mammonslüsterne Schieber und Wucherer die Leiter eines solchen Unternehmens sein, und die Masse dieser Gemeinschafts- Selbstversorger muß ihren Bedarf nicht auf alles Mögliche einstellen. Formen, Farben, Muster von Kleidung und Hausrat muß nach gewissen, nicht der Mode unterworfenen Grundregeln ausgeführt werden, in einer Weise, daß dennoch der Geschmacksrichtung des Einzelnen Rechnung getragen wird.

Soll diese ganze Einrichtung denn nun gesetzlich unter Zuhilfenahme der staatlichen Macht erfolgen? Nein – niemals! Das würde politische Kämpfe erfordern, das würde Zwang bedingen. Diese Selbsthilfe kann nur durch freie, gegenseitige Übereinkunft *auf Grund neuer Rechtsformen erfolgen.* Nur eine völlig unpolitische und politisch neutrale Gemeinschaft kann die verlangten Ziele ohne Verletzung irgendwelcher vorhandenen Rechte erreichen. Nicht irgendwelcher Zwang, nicht irgendwelche Gewalt soll vorhandene Erwerbsformen etwa zerstören, vielmehr soll das Vorhandene mit all seinen Einrichtungen für eine Gemeinschaft, die sich in ihren Zielen weiseste Beschränkung auferlegt, in durchaus gerechter Weise ausgenutzt werden.

Es ist wohl einer der größten Fehler unserer Tage, daß irgendwelche Führer meinen, ihre Gedanken, ihre Art, durch Kampf und Streit auf politischem Wege, durch Abstimmung, die immer eine Vergewaltigung bedeutet, zur Ausführung bringen zu müssen, anstatt daß diejenigen, die von der Richtigkeit eines Weges

---

gleiche mammonistische Schauspiel wie wir es bisher erlebten, nur die Kulissen und der Hintergrund der Bühne wären etwas verändert und die Kulissenschieber und Schnürbodenarbeiter würden ein wenig auf der Bühne mitspielen.

überzeugt sind, sich nun zusammenschließen, um diesen neuen Weg praktisch zu gehen.

Nicht das fortwährende Schaffen neuer Gesetze, nicht der gesetzliche Zwang auf die Gesamtheit ist der Weg zur Freiheit, sondern sich selbst gemeinsam mit andern Gesetze und Pflichten auferlegen, bietet die Möglichkeit, die Richtigkeit eines Gedankens in Bezug auf seine Ausführung zu prüfen, um auf Grund des Erfolges friedlicher Arbeit, das Denken und Fühlen der Gesamtheit mit dem eigenen Denken zu durchdringen. Nie kann durch rechthaberischen Wortstreit die Gesamtheit für einen Gedanken gewonnen werden.

Wer es versteht, sich selbst Gesetze und Zwang aufzuerlegen, der wird zur größten persönlichen Freiheit gelangen. Wer aber Schrankenlosigkeit für Freiheit hält, der wird erleben, daß diese Schrankenlosigkeit ihm keinen Schutz gewährt, daß er in seiner unbeschränkten Freiheit der unbewehrte Ausbeutungsgegenstand aller derer ist, die ihm vorher predigten, daß Schrankenlosigkeit Freiheit sei.

Was hat denn das für die Kleider- und Hausratbeschaffung zu bedeuten? – Scheinbar nichts, und doch alles für diejenigen, die sich auf Grund *neuer* Rechtsformen zu einer Gemeinschaft zusammenschließen wollen, um die Glieder der Gemeinschaft zu erschwinglichen Preisen unter günstigen Bedingungen mit diesen Erfordernissen des täglichen Lebens zu versehen. Wie eine solche Gemeinschaft beschaffen sein muß, wie sie ihre Aufgaben wird lösen können, welche neue Rechtsformen die Gemeinschaftsglieder miteinander verbinden werden, darüber Genaueres zu sagen, würde hier zu weit führen. Alle solche, die sich an eine solche Gemeinschaft anschließen möchten, werden an anderer Stelle noch einen entsprechenden Hinweis finden. Für die Beschaffung von Eigenheimen, für die Geldbeschaffung zum Bau von Eigenheimen auf diesem gemeinnützigen Wege hat sich bereits eine solche Gemeinschaft gebildet, nämlich die Gemeinschaft der Freunde, Wüstenrot (Wttg.), der es im ersten praktischen Jahr ihrer Tätigkeit, im Jahre 1925, gelungen ist, für die Finanzierung des Baues von 150 Eigenheimen die Summe von 2.200 000 RM zu dem billigen Zins von 5 % zuzüglich Tilgungszins zu beschaffen.

Die Wohnnot oder wem gehört das Land?

Es gibt Dinge, die kauft man nicht, die kann man nicht kaufen, weil sie einfach „da" sind, da sind für alle. Gott läßt seine Sonne scheinen über Gerechte und Ungerechte, lässt regnen über Sünder und Fromme. Wer in die Sonne hinaus geht, der kann von ihrem Schein, von ihrer Wärme haben so viel er will – umsonst! – Wer Luft atmen will, er kann sie haben, soviel er Zeit seines Lebens gebraucht – umsonst! – Wer in den meisten zivilisierten Ländern Wasser trinken will, er kann es haben – umsonst! – Ja, es wird wohl in den meisten Völkern als große Schande gelten, einem Dürstenden den Trunk Wassers zu versagen. Sorgte man doch in vielen Gegenden schon seit langem dafür, daß nicht nur möglichst viele öffentliche Trinkstellen für Menschen, sondern auch Trinkgelegenheiten für Tiere, für Vögel und Säugetiere vorhanden sind.

Sonnenlicht, Luft, Wasser – es sind ursprüngliche Dinge. Sie gehören zu den vier Elementen der Alten, zu den vier Grundstoffen, die niemand schaffen kann, die aber unbedingt nötig sind, damit sich Leben irgendwelcher Art, pflanzliches, tierisches, menschliches Leben entfalten kann.

Wohl ist schon der Versuch gemacht worden, Sonnenlicht und damit vielleicht auch Luft mit Steuern zu belegen. Die Fenstersteuer, die einmal in Frankreich bestand, und alle nach der Straße gehenden Fenster nach ihrer Zahl und Größe mit einer Steuer belegte, war so ein Versuch, aus dem Lichthunger der Menschen Kapital zu schlagen.

Jedenfalls wird heute niemand mit Überlegung einem Gesetz zustimmen, das Licht, Luft und Wasser zu Gewinn abwerfenden Handelsgegenständen macht. Allerdings hat man sich eine Zeit lang nicht gescheut, Mineralwasser recht hoch zu besteuern. Vielleicht ist dies weniger geschehen, wegen der Steuer an sich, sondern als Verbeugung gegenüber dem Alkoholkapital, damit Brauer und Schnapsbrenner sich nicht über eine ungerechte Belastung beschweren konnten.

Pferden hat man wohl früher Scheuklappen vorgebunden, und heute tragen nicht wenige Leute mehr oder minder große Parteischeuklappen, aber wie die Pferde gerade infolge der Scheuklappen, die schlaue auf Gewinn erpichte Sattler einmal erfunden hatten, erst recht scheuten und strauchelten, so geht's auch nicht selten den mit Parteischeuklappen ausgerüsteten Leuten. Sie sehen den Wald vor Bäumen nicht und jene, die sie führen, machen nicht selten das Geschäft wie ehemals die Sattler mit den Pferdescheuklappen.

Aber Licht, Luft und Wasser, diese natürlichen Urdinge, die niemand zu Handelsgegenständen machen darf, ohne den gerechten Zorn aller auf sich zu laden, sind nur drei der Grundstoffe, der Elemente der Alten, die zum Leben gehören. Es gehört noch ein vierter Grundstoff dazu – ohne den die drei andern wertlos sind, mit dem zusammen sie erst die Grundlage für alles Leben abgeben. Dieser vierte Grundstoff ist die Erde, der Grund und Boden, auf dem wir mit unseren Füßen stehen, auf dem, über dem und in dem wurzelnd, alles Leben, vom einfachsten und kleinsten bis zum höchstentwickelten Menschenleben sich abspielt.

Sonnenlicht und Luft, sie sind nicht recht greifbar, man kann sie nicht packen und verpacken, um damit einen schwungvollen Handel zu treiben. Mit dem Wasser, das man in Gefäße füllen kann, wird's schon ein wenig anders. Da werden mit manchen köstlichen Trink- oder Heilquellen schon recht nette Millionengeschäfte gemacht. Aber der vierte Grundstoff, die Erde, der Grund und Boden, den kann man ergreifen, den kann man umzäunen und mit Mauern umgeben, von dem kann der Starke den Schwachen verjagen und kann ihm – wenn er will, nachher gegen Zins, Tribut, Steuern gnädig erlauben, im Schatten seiner Macht zu wohnen.

Ja, ging's nicht einmal sogar so weit, daß dem im Schatten so eines Mächtigen Wohnenden nicht nur sein Urrecht an den Boden geraubt war, sondern daß er für sein Wohnrecht auf dem nun dem Starken gehörigen Boden sogar das ureigenste Recht auf des eigenen Leibes Kräfte und Fähigkeiten verlor, daß er dem Eigentümer des Bodens nun auch mit seiner Person „leibeigen" wurde, zum Sklaven dessen, der sich das Recht auf Besitz und Eigentum des von ihm beherrschten Bodens angeeignet hatte.

Wie war's denn einst gewesen? – Laß es Dir nicht langweilig sein in uraltem Gewande, den ersten Streit ums Bodenrecht zu erfahren. Es war in den ersten Zeiten des Menschengeschlechts, noch bot Raum für alle die Erde, aber die wenigen waren aus Eden, dem paradiesischen Garten, vertrieben, sie hatten die Hand nach einem Besitz ausgestreckt, der ihnen versagt war. Die Gier nach etwas, das ihnen nicht gehören sollte, hatte von ihnen Besitz ergriffen und diese Gier führte sie in wildes Land.

Da waren zwei Brüder, leibliche Brüder, Kain und Abel; der erstere ein Ackermann, der andere ein Schäfer. Der erstere umfriedete das Land, von dem er für seine Person mehr verlangte wie Disteln und Dornen, der andere wollte freies Land für seine Herden. Nur zwei Herrenmenschen sind's, die sich gegenüberstehen, die wollen ein Gottesurteil über ihr Recht. Sie bauen nebeneinander Altäre und opfern. Und Gott gibt Unrecht dem, der das Land für sich, für seine Person zu eigen beansprucht, gibt Unrecht dem, der das Land unfrei macht. Gott sieht Kains Opfer ungnädig an, der Rauch seines Opfers neigt sich zur Erde, die er sich aus unreiner Gier zu eigen machen will.

Das Gottesurteil ist zu Ungunsten des Bodenräubers ausgefallen. Maßloser Grimm erfasst ihn, hasserfüllter Zorn kommt über ihn, und das erste Sterben, von dem die graue Urgeschichte der Menschheit erzählt, kommt in seiner ganzen Widernatürlichkeit durch einen Brudermord in die Welt.

Und nun, lieber Leser – höre noch einen Augenblick zu – ein wunderbares Geheimnis steckt in dieser Geschichte, die ich Dich bitten möchte, in dem ältesten Kulturbuch nachzulesen, das die Entwicklungsgeschichte des Menschengeistes mit all seinen Irrungen und seinem Ringen erzählt. An dem Brudermörder Kain übt Gott Gnade. Niemand soll ihn wegen dieses Brudermordes strafen. Gott erläßt über ihn Amnestie, ja noch mehr, siebenfällig soll gerächt werden, falls sich jemand findet, der wegen des Brudermordes Kain totschlägt. Warum diese Gnade? – Warum dies für Menschenverstehen scheinbar so wirre, widersprechende Verhalten Gottes. Ei, ganz einfach, weil Kain mit der Bebauung des Bodens einen ganz richtigen Weg eingeschlagen hatte, um das verlorene Paradies wieder zu erobern, weil er mit der Bearbeitung des Bodens auf dem menschlich richtigen Wege war, die Erde wieder zu einem Garten Gottes zu machen. Aber seine Handlung war unrein, denn nach ihm hatte die Sünde, die Gier nach Besitz, die Habsucht, die Wurzel alles Übels Verlangen, ja sie hatte Besitz von ihm ergriffen und herrschte über ihn, anstatt daß er Herr seiner Triebe war.

Kains Streit mit Abel – der erste Krieg, die erste Revolution – und alles, was wir seit jenen längst vergangenen grauen Zeiten bis zu den letzten Jahren an Kampf und Streit zwischen und in den Völkern erlebten, - nichts weiter als die vervielfachte, ins Ungemessene vergrößerte Ausgabe dieses ersten Bruderstreites um den Besitz der Erde, um das Recht auf die Benutzung des Grund und Bodens.

Das gleiche gemeinsame freie Recht aller Einzelwesen an Sonnenlicht und Luft kann von niemand geschmälert werden. Der große Gemeinschaftsbedarf an dem genussfertig in der Natur vorhandenen Wasser veranlasste Gemeinden und ganze Staatsverbände zur Einrichtung von Wasserwerken und Wasserversorgungsanlagen, um Wasser, dies wichtigste Lebenselement der Gesamtheit kostenlos oder gegen eine ganz geringe, kaum fühlbare Entschädigung zu verschaffen.

Der Grund und Boden, der ebenso ursprünglich ist und ebensowenig hergestellt werden kann wie Sonnenschein und Luft und Wasser, den hat man zur Ware gemacht, den hat römisches Recht und eine sogenannte *„fortschrittliche"* Entwicklung zum Gegenstand des *„freien"* Handels *„erhoben"* und ihn dadurch in das Verfügungsrecht verhältnismäßig weniger gebracht. Die übrigen aber, die große Masse, die wurden vom Boden losgelöst, die wurden bodenlos gemacht und – seien wir aufrichtig – für alle diese Bodenlosen wurden – und zwar mit Recht – die Worte Vaterland, Muttererde, Heimat, zu leerem, wesenlosem Schall.
Vaterhaus und Vaterland, Heimat und Muttererde hat nur der, der Recht auf Benutzung von Grund und Boden hat. Will man von Vaterlandsliebe, von Patriotismus sprechen, will man die Massen der Völker zur Vaterlandsliebe erziehen, so wird man in Deutschland wie in allen Ländern, bei allen Völkern, Wege finden müssen, um jeder Familie ein Recht an der Benutzung des Grund und Bodens zu sichern.

Nicht etwa soll der Grund und Boden einer gewaltsamen Neuverteilung unterzogen werden, um an Stelle der jetzigen wenigen Eigentümer viele kleine Eigentümer zu setzen, die nun aufs neue einen lebhaften Handel, Schacher und Wucher damit treiben. Nein, aller Grund und Boden muß nach und nach auf Grund neuer Rechtsformen in den Besitz der Allgemeinheit überführt werden, damit er dann denen, die durch Leistung oder Arbeit ein Recht auf ihn erwerben, zum Leihbesitz, also nicht zum Eigentum überlassen wird, aber zum Besitzen und Ausnutzen auf Lebenszeit.

Man unterscheide wohl zwischen Eigentum und Besitz. *Ich habe etwas als Eigentum*, über das ich beliebig frei schalten und walten kann, das ich kaufen, verkaufen, verschenken, herstellen oder vernichten kann. *Ich besitze* nur den Gegenstand, den ich das Recht habe zu benutzen, aber nicht ihn zu verkaufen oder zu vernichten. So war es zum Beispiel früher Sitte, daß ein Gewerbe, eine Familie, ein Einzelner das Recht hatte in einem Chor, einem Gestühl, auf dem Platz einer Bank in der Kirche zu sitzen, ohne daß ihm Eigentum an dem Holz oder Stoff wurde, aus dem das Gestühl oder die Kirchenbank hergestellt war.

Ein wesentliches Merkmal, daß ein Gegenstand „Eigentum" sein kann, ist, ist das, daß der Eigentümer diesen Gegenstand vernichten kann oder darf. Ein Reicher könnte vor seinem Tode alle seine Schätze, sein ganzes Vermögen – das ist das, worüber er etwas vermag –, in seinem Palast zusammentragen und sich mitsamt den Schätzen verbrennen lassen. Diese Möglichkeit wäre gegeben. Er könnte alle seine Vermögenspapiere verbrennen, sein Gold ins tiefste Meer versenken lassen, aber – den Grund und Boden, das Land, auf dem er saß, *es war nur sein Besitz*, nie sein Eigentum, er kann es nicht zerstören, er muß es zurücklassen.

Ist dies denn nun eine neuzeitliche Anschauung? - Ist diese Auffassung des Rechtes am Boden ein Kind unserer Zeit? – Keineswegs – sie ist fast so alt wie die Menschheit selbst. Noch heute haben – zur Schande der zivilisierten, christlichen Welt sei es gesagt, von der sogenannten Kultur nicht beleckte Völker, die

Neger Afrikas[21], diese Grundanschauung vom Bodenrecht, und erst moderne Kolonisatoren machen den Grund und Boden in den Kolonien zum Handelsgegenstand.

Es würde zu weit führen, wollte ich alle Beispiele aus alter Zeit über ein derartiges Bodenrecht anführen. Es mag nur erwähnt werden, daß das mosaische Gesetz jedem Stamm, jeder Familie des Volkes Israel ein unveräußerliches, nicht einmal dauernd beleihbares Stück Land zusprach, das bei Todessstrafe nicht verkauft werden durfte.

Aber es ist auch altes deutsches Recht, das Recht des Gemeindeeigentums und am Gemeindeeigentum, das noch heute in der Allmende, im Recht an der Gemeindeweide, am Gemeindewald in vielen Gegenden und Gemeinden zum Ausdruck kommt, das in den Worten Erbpacht und Erblehen sich trotz ein Jahrtausend langer Unterdrückung durch römisches Recht lebendig erhalten hat.

Es ist das Verdienst Adolf Damaschkes, des Führers der deutschen Bodenreformbewegung, daß er die Erinnerung an dies alte Recht wieder wachgerufen und eine bereits sehr große, täglich wachsende Schar begeisterter Anhänger für ein gerechtes Bodenrecht im Bund deutscher Bodenreformer gesammelt hat.

Wie sollte nun so ein neues Bodenrecht beschaffen sein? Nun, es sollte jedem, der ein solches Recht erworben, die Sicherheit

---

[21] Bodenrecht der Eingeborenen in Deutsch – Ostafrika laut den „Nachrichten aus der ostafrikanischen Mission Bethel" von Missionar E. Johanssen

geben, ein Stück des Vaterlandes als seinen Besitz, als ein Gut zu haben, das er – so lange er lebt – bebauen, benutzen, auf dem er wohnen und hausen kann, das unverkäuflich, unbeleihbar, also nicht sein Eigentum, sondern von ihm, so lange er lebt, besessen wird, auf dem er seinen Wohnsitz hat, von dem ihn niemand vertreiben kann.

Soll so ein Recht nun durch politischen Kampf oder gar durch gewaltsames Vertreiben der jetzigen Besitzer für jeden geschaffen werden, der zufällig jetzt auf deutschem Boden lebt? - Nichts wäre verkehrter als ein solches Unternehmen, es würde genauso zusammenbrechen – wie so manche Bestrebungen unserer Tage, die, den Keim des Todes in sich tragend – zusammenbrechen werden, weil sie nur auf Rechthaberei, aber nicht auf Gerechtigkeit gegründet sind. Darum spreche ich ausdrücklich im vorhergehenden Absatz aus, *daß dies Recht am Boden vom einzelnen erworben werden muß.*[22]

---

[22] Man wird sagen, ist das heutige Eigentumsrecht an Grund und Boden ein dem natürlichen Recht widersprechendes, ein Unrecht, nun so muß es mit jedem Mittel und sei es mit offenbarer Gewalt beseitigt werden. Vergessen wir aber nicht, daß jene, die es dann von Staates Gnaden empfangen würden, es vielfach als Raubgut betrachten würden. Den meisten steckt noch das alte Boden-Eigentumsrecht in den Gliedern. Selbst wenn sie es nur als Besitz, als Lehen erhielten, so würde doch in den Herzen der Meisten noch die Habsucht regieren und wenigen Wühlern, man nennt sie undeutsch auch Agitatoren, würde es in Kürze gelingen, die größere Mehrzahl zu überzeugen, daß die persönliche Freiheit vergewaltigt, daß jeder das Recht haben müsse, mit „seinem" Grund und Boden, der doch gar nicht sein ist, zu machen was er wolle, also ihn zu verkaufen und zu verhandeln und bald würde

Wie soll das geschehen, kann der *Einzelne* unter den heutigen Rechts- und Gesetzesverhältnissen dies ermöglichen? – Nein! – Soll er warten, bis in endlosen zermürbenden, Leben, Glück, Sitte und Ehre, Rechtlichkeit und Ehrbarkeit zerstörenden, Zwietracht und Hass säenden politischen Kämpfen oder gar Volkskämpfen mit Maschinengewehren und Autogeschützen, mit Brand und Mord neue Gesetze und Bodenrechte, die auf den Spitzen der Bajonette ruhen würden, geschaffen sind? -

Alle, die solche Versuche machen, werden nicht in das Land des Friedens einziehen, werden nicht Nutznießer eines neuen Bodenrechts werden. Wer das Schwert zieht, wird durchs Schwert umkommen, ein altes Wahrwort der von so vielen verachteten Heiligen Schrift, - das sich in schauerlichster Weise durch den fürchterlichen Weltkrieg als echt und wahr bewiesen hat.

Wie soll's denn möglich sein, wie soll denn allen, die heute keine Wohnung, kein Heim, kein Stücklein Garten oder Acker haben, dies alles geschaffen werden? Soll's nun schließlich so gehen, wie den Ägyptern zur Zeit Josephs, die in Teuerung und Hungersnot alles, aber auch alles, Äcker und Vieh, dem damaligen Machthaber, dem Pharao übergaben und schließlich sich selbst für leibeigen erklärten, nur damit sie ihr Leben fristen konnten.

Verschließe niemand die Augen, sage niemand, das könne nicht geschehen. Auf Gnade und Ungnade sind wir den Siegern ausgeliefert, ja, ich wage zu sagen, sind die Massen aller Völker einem sie bis zum letzten Blutstropfen aussaugenden

---

das alte Elend – durch parlamentarische Abstimmung geheiligt – wieder lebendig werden.

Weltmammonismus ausgeliefert, so daß die Zeit nicht fern ist, in der der Einzelne oder die einzelne Familie zur vollsten Bedeutungslosigkeit und trotz aller sogenannten Freiheit zum „Nichts" herabgesunken ist.

Ob diese Anschauung berechtigt ist, mag dahingestellt bleiben – ich frage nur, was bedeutet denn heute der Einzelne? – Ist er nicht nur ein willenlos hin- und her geschleuderter Tropfen in dem vom Mammonsgier wild erregten Volks- und Völkermeer.

Für Deutschland naht ohne Zweifel der Augenblick, wo die stetig steigende Teuerungswelle, die Dämme, die heute noch mühsam die Überteuerung der Wohnungsmieten zurückhalten, mit geradezu katastrophaler Gewalt hinwegschwemmen muß. Wird bei den heute gestiegenen Bodenpreisen, Löhnen und Rohstoffkosten gebaut, so werden diese Neubauten unerschwingliche Mieten erfordern und nichts, aber auch nichts wird die Hausbesitzer alter Häuser verhindern können, dann ihre Mieten den Preisen der Mieten in Neubauten anzupassen.

Und wieder wird das römische Bodenrecht, das den Besitzer auch zum Eigentümer des von ihm benutzten Bodens macht, die Ursache sein, daß der Bodenlose, daß alle, die ohne Recht am Boden sind, die Tributpflichtigen derer werden, die diese Rechte haben.

Und dennoch! – Gibt's noch ein „Dennoch" – oder – sollen wir tatenlos diesem Kommen entgegen gehen? – Soll der Einzelne willenlos das Geschick ertragen?

Allerdings, der Einzelne ist nichts und wird zu noch weniger wie nichts werden, wenn er es nicht über sich gewinnt, sich auf Grund neuer Rechtsformen solchen Gleichgesinnten anzuvertrauen, sich mit solchen Gleichgesinnten zusammenschließen, die nicht ergriffen von der Habsucht, von der Mammonsgier unserer Tage ein „Neues" pflügen wollen. Es bleibt kein anderer Ausweg, als in einer großen Gemeinschaft, einer Güterkaufs- und Arbeitsgemeinschaft, das zu erstreben, was dem einzelnen in seiner Ohnmacht unmöglich ist.

Wie aber schon erwähnt – und ich wiederhole dies auf die Gefahr hin, daß mir langweilige Wiederholung vorgeworfen wird – einer solchen Güterkauf- und Arbeitsgemeinschaft können nur solche angehören, die dies alte Gewohnheitsrecht vom Eigentum am Boden als widernatürliches Recht erkannt und die die Selbstsucht, die Habsucht, den Geiz, der die Wurzel alles Übels nun einmal ist, im eigenen Herzen überwunden haben. Es können einer solchen Gemeinschaft nur solche angehören, die es zufrieden sind, daß sie durch einmaliges Opfer einer im Verhältnis zum wirklichen Wert verhältnismäßig kleinen Summe und durch regelmäßige Erbpachtzahlung das Recht bekommen, zeit ihres Lebens in der ihnen zur Verfügung gestellten Wohnung, in dem Haus mit seinem Garten, vielleicht sogar mit Anrecht auf gemeinsamen Acker, Wiese und Wald zu wohnen und zu hausen.

Dabei wird den natürlichen Erben das Recht eingeräumt sein, wiederum gegen eine kleine Abgabe an diese große Gemeinschaft sich die Rechte seiner Vorfahren, das Anrecht am *Besitz*, am Gebrauch, an der Nutzung des von diesen hinterlassenen Gemeinschaftseigentums zu sichern.

Dabei wird in kein persönliches Eigentumsrecht eingegriffen. Was der Einzelne an sonstigen Sachgütern erwirbt, an Werten geschaffen hat, was er an Vieh, an Geräten, Werkzeugen, an Waren, an Sammlungen oder irgendwelchen Gegenständen im Lauf seines Lebens sich durch Arbeit, Fleiß und Sparsamkeit erworben, das bleibt sein und der Seinen unantastbares Eigentum. Nur der Grund und Boden mit allem, was fest mit ihm verbunden, ist und bleibt Eigentum der Gemeinschaft. Es ist nicht nötig, daß zu diesem Zweck in jedem Falle neue Gemeinden geschaffen werden, obwohl auch dies geschehen wird und angesichts der Not der Großstädter und des Großstadtunwesens geschehen muß. Aber die Angehörigen einer solchen Gemeinschaft können auch verstreut im Lande wohnen und dennoch die Vorteile des Anschlusses an ein solches Gemeinwesen genießen.

Die Vorteile eines solchen Gemeinwesens werden ähnliche sein, wie sie z.B. heute noch eine Anzahl Gemeinden z.B. Büchern, Leutersdorf, Ailertchen, Winkel i. Elsass, Gösaitz, Unterpölitz, Bärswalde, Philippsburg in Baden, Oberbrobritz und andere ihren Gemeindeangehörigen gewähren; das sind teils Steuerfreiheit, teils Holz für Neubauten, teils barer Anteil an den Erträgnissen aus dem Gemeindeeigentum, oder gar wie in Unterpölitz neben Steuerfreiheit und kostenlosem Brennholz noch zwei Pfund Karpfen für jeden Gemeindeangehörigen (nach Dr. jur. von Schwerin in Revolution, Landwirtschaft, Bodenrecht. 1919. Verlag Jos. C. Huber, Dießen vor München).

Allerdings bei Neubildung solcher Gemeinwesen werden diese Vorteile nicht sofort in Erscheinung treten, aber andere werden dafür desto schneller bei einer solchen sich über das ganze Reich erstreckenden Gemeinschaft wirksam werden, als z.B. billige Beschaffung von Kleidungsstoffen, Hausrat und zuguterletzt Wohnungen, Häuser mit Äckern und Gärten zur lebenslänglichen unkündbaren Benutzung.

Wenn je eine Zeit gebieterisch für eine solche freie Gemeinschaft und durch eine solche die Einführung neuer gegenseitig verbindlicher Rechtsformen verlangt, so ist es die unsere. Es gibt Menschen genug, die noch nicht zum Geldsack geworden sind, die noch ein Herz haben, die sich mit Ekel und Abscheu abwenden von der allem wahrhaft menschlichen Zusammenleben Hohn sprechenden Geld- und Machtgier unserer Tage. Es gibt genügend Menschen, denen das Hetzen und Hassen verabscheuungswürdig geworden, die sich darnach sehnen, wahrhaft Mensch unter Menschen, und nicht mehr Geier unter Geiern, Wolf unter Wölfen oder gar Hyäne in Gesellschaft von Hyänen und Aasgeiern zu sein.

Ist nun eine solche Gemeinschaft überhaupt möglich? – Ist das nicht undurchführbarer Kommunismus? – Nein, die Gemeinschaft erstreckt sich nur auf das, was den Menschen von Natur gemeinsam ist, auf den Grund und Boden und das, was mit ihm verbunden. Alle übrigen, durch die eigene Tätigkeit erworbenen Sachgüter gehören dem, der sie geschaffen oder erworben. Es wird also nicht, wie es heute bei vielen sozialen Einrichtungen und Plänen der Fall ist, der Trieb, der Anreiz zum Denken, Erfinden, zur Arbeit, zum Hoffen, zum Erwerb, zur Verschönerung des Seins unterbunden. Der Einzelne wird in dieser neuen Gemeinschaft nicht zum Staatsschmarotzer, und, bei aller Fürsorge für die wirklich Schwachen, für die Kranken, für die Alten, für solche, die wahrhaft Unglück haben, wird in dieser Gemeinschaft das Natur- und Sittengesetz seine Gültigkeit haben: „So jemand nicht will arbeiten, der soll auch nicht essen." Lügner, Diebe, Gewalttäter, Faulenzer, Säufer, Hurer und solche, die nicht wahrhaft dem Guten nachstreben, werden nicht Glieder einer solchen Gemeinschaft sein können.

Alle jene aber, die sich selbst überwunden, die sich frei gemacht haben von der Eigensucht, von der Habsucht und von allem eitlen, hoffärtigen Wesen, die werden in und mit dieser Gemeinschaft Häuser bauen und wohnen, „sie werden Weinberge pflanzen und derselbigen Früchte *essen*. Sie sollen nicht bauen, daß ein anderer bewohne, und nicht pflanzen, daß ein anderer esse. Sie sollen nicht umsonst arbeiten, und sie werden nicht schaden noch verderben im ganzen heiligen Lande".

Das Letzte und zwar das Wichtigste des vorhergehenden Absatzes stammt nicht vom Verfasser. Die Worte sind schon vor einigen tausend Jahren geschrieben, eine Vorahnung und Weissagung auf Zeiten, wie sie sich in unseren Tagen vorbereiten müssen, soll nicht die Erde zum dauernden Kampfplatz für menschliche Raubtiere werden.

Wird so ein Land nicht heilig sein, in dem Menschen wohnen, die sich selbst überwunden? – Heute will im deutschen Volke und in allen anderen Völkern nur einer den andern überwinden, und die Völker wollen einander vergewaltigen. Heute möchte jeder einzelne, jedes Volk alles gewinnen, am liebsten die ganze Welt – und alle, aber auch alle verlieren sich selbst.

Ist aber das nicht eine Utopie, ein unerreichbares Land sehnsuchtsvollen Hoffens? – Nein, das ist es nicht. Das ist nur eine Frage des

Wollens. Es kommt nur darauf an, ob Du willst, ob Du mit Deiner Person den Anfang machen willst, Dich zu überwinden, ob Du mir, der ich dies schreibe, die Hand reichen willst.

Ist denn eine Gemeinschaft etwas Neues, noch nie Dagewesenes? – Keineswegs. Das ist schon in der Praxis versucht, dafür gibt's ein Vorbild, das schon hundert Jahre alt ist und heute noch besteht. Es ist die Gemeinde *Korntal* im Schwabenlande, in Württemberg, die vor hundert Jahren gegründet, zum beträchtlichen Teil alles das in die Wirklichkeit umgesetzt hatte, was im vorbeschriebenen von einer solchen Gemeinschaft verlangt wird. Also ist es nicht so phantastisch, wie es vielleicht auf den ersten Blick solchen erscheint, die noch ganz von den alten Gesetzen des Habenwollens erfüllt sind.

Darum haben sich auch jetzt schon eine Anzahl Leute zusammengefunden, um die Bildung einer solchen Gemeinschaft ins Leben zu rufen. Nicht nur für einen kleinen Ort, für einen kleinen Bezirk, für ein Land, nein, in ganz Deutschland und – so es sein kann – weit darüber hinaus in alle Welt sollen solche gesammelt werden, die überall solche Gemeinschaftssiedelungen in den Städten, auch in und bei Großstädten und auf dem Lande ins Leben rufen wollen, um praktisch zu zeigen, daß solch ein gemeinschaftlicher Bodenbesitz unter voller Wahrung der persönlichen Freiheit des einzelnen möglich ist, um durch die Tat des Vorhandenseins eines neuen Geistes zu beweisen, um mit diesem Geiste die näheren Umgebungen, das deutsche Volk, ja – so es sein kann – die Massen der Völker zu durchdringen. Sollte das möglich sein? -[23]

---

[23] Anmerkung von 1925: Nun ist inzwischen, also seit 1920, als dieses Buch geschrieben wurde, eine solche Gemeinschaft entstanden, die aber mit dem letzteren, mit der gemeinsamen Geldbeschaffung angefangen hat, damit der Einzelne zu Grund und Boden, zum Ei-

Ja, es ist möglich – aber *auf* Dich kommt es an. Nun habe ich von mancherlei Nöten gesprochen, auf mancherlei Unzulänglichkeiten hingewiesen, habe versucht, Wege zur Abhilfe, zur Besserung zu zeigen. Laß mich noch kurz von einer Not sprechen, die, ach so unendlich viele drückt, von der "*Not des Ich*".

Die Not des Ich.

Du sagst, Dein "Ich" – das ist aber nicht Dein Leib – das ist der innerste Kern Deines Wesens und Seins, leidet keine Not. Du bist also mit Dir, mit Deinem ureigentlichen Wesensinhalt zufrieden. Gut – ich schreibe dies auch nicht für jene, die keine Ich-Not kennen. Vielleicht liest Du dennoch das, was ich darüber sage, was ich von solcher Not des "Ich" zu wissen meine.

Im Grunde genommen gibt es für jeden Menschen nur zwei Dinge auf der Welt. Das eine Ding bist Du selbst, Dein eigenes

---

genheim kommt; nicht auf Grund der vorerwähnten neuen bodenrechtlichen Bindungen, die im Augenblick noch nicht durchführbar scheinen. Dort, wo solche auf Grund des Reichsheimstättenrechts, das inzwischen geschaffen ist, versucht wurden, haben sie leider infolge Ausnutzung dieses Rechts durch Vereine oder Städte, in einer den Absichten des Gesetzes widersprechenden Weise, den einzelnen Heimstättenbesitzer gegenüber den übrigen Volksgenossen zu einem Manne minderen Rechts gemacht, haben ihn gerade zu entrechtet. Er ist nun unfrei geworden, fast grenzt die Lage eines solchen Heimstätters an die "Hörigkeit", die sich einst im Anschluss an das alte allgemeine Anrecht am Boden entwickelte. Das heutige Heimstättenrecht zeigt die Merkmale eines kulturellen Atavismus. Es ist schade, daß Damaschkes Arbeit so entartet ist).

Ich, das andere, das ist die Gesamtheit aller anderen *und* alles anderen, das ganze große Weltall. Es wird darauf ankommen, ob Du so ein bewusstes „Ich" bist, ob Du dies „Ich-Gefühl" hast, mit dem Du Dich dem ganzen übrigen toten und lebendigen Sein gegenüberstellst. Es wird darauf ankommen, ob Du für dieses Dein „Ich" einen Zustand wahrer Vollkommenheit erstrebst, das soll sagen, ob Du sagen kannst, „Ich will".

Verstehe mich recht, dieses „Ich will" bedeutet aber etwas mehr, als was man so gemeinhin darunter versteht. Du sagst „Ich will essen". Das ist nicht so – „Du mußt essen". Du meinst, „Du willst trinken", es ist wiederum nicht so „Du mußt". Was heißt das? – Das will besagen, daß in unendlich vielen Fällen der scheinbare Ausdruck eines Wollens gar kein Wollen ist, sondern nur die mehr oder minder zwangsmäßige Folge eines Triebes, der in Dir durch irgendeinen Anreiz lebendig geworden.

Du leidest Hunger – du mußt essen. Du wirst durstig – Du mußt trinken, beides, um Deinen Leib zu erhalten. Du hast ein Unbehagen – Du mußt rauchen, nicht um Deinen Leib zu erhalten, sondern weil Du Dich einmal an diesen fremden Reiz gewöhnt hast, einen Reiz, der in unendlich vielen Fällen dazu führt, daß seine Befriedigung ihn immer aufs neue auslöst.

Dies einfache Befriedigen irgendwelcher Reize, dieses Befolgen irgendeines Triebes, der in Dir erwachte, ist kein Wollen.

Von einem „Wollen", von einem „Ich will" kannst Du erst dann sprechen, wenn Du eine in Dir erwachte Triebregung prüfst, wenn Du überlegst, ob Du ihr folgen, ob Du sie unterdrücken willst. Dazu bedarf es mitunter Jahre, Monate, Tage, manchmal Stunden. Aber es gibt auch Fälle, in denen der Bruchteil einer Sekunde genügt, um einen Entschluss zu fassen, um zu „wollen".

Die Not unserer Tage ist, daß so unendlich viele nicht wollen; das einzige Wollen unserer Zeit ist das Haben-Wollen; wo es zu einem echten Wollen, zum Tat-Wollen geworden, da wird es zu jener fürchterlichen Geißel, die heute der Menschheit blutige, schmachvolle Wunden schlägt, so daß schließlich es vom Einzelnen wie vom Volk heißt: „Vom Scheitel bis zur Sohle ist nichts Gesundes an ihm, sondern Wunden, Striemen und Eiterbeulen". Und ob sie in eitel Sammet und Seide gehen, es ist doch nichts Gesundes an ihnen.

Die Not einer vor kurzem verflossenen Zeit war, daß so viele nicht wollten, daß andere einen Willen hatten. Sie konnten an Stelle des Wollens der anderen nichts anderes setzen. Ihr Wollen war ein verneinendes, ihr Wollen war Trägheit, war, wie der Physiker sagt, „Beharrungsvermögen", war weiter nichts als der Zustand eines Steins, der still an seiner Stelle liegt, der sich nicht rühren mag und sich nicht zu bewegen vermag, der nur in Bewegung kommt, wenn fremde Kraft ihn anrührt.

Wohl gab es auch manche, die hatten einen anderen Willen; die wollten nicht, daß gemordet, daß Massen gemordet würden. Aber derer, die dies aufrichtig wollten, gab es nur wenige, ach so unendliche wenige.

Aber die große Masse, die wollte einfach nicht, die konnte nicht mehr „wollen". Ihr war durch Lüge und Verleumdung, durch

Hass und Neid, durch Bedrängnis und Hunger die Fähigkeit zum Wollen genommen, ihr war das Rückgrat, das „Ich", das moralische Rückgrat gebrochen.

Nun frage Dich, ob du zu denen gehörst, die „bewusstes Wollen" haben, ob Du weißt, was Du willst. Ist das der Fall, so bist Du ein Mensch, den man früher als „Charakter" bezeichnete, und Du hast eine Klippe der „Ich-Not" umschifft.

Aber nun prüfe genau, ob Dein Wille wirklich aus Dir stammt, ob er eine Frucht *eigenen* Denkens ist, oder ob Dein Denken nicht unter dem Einfluss eines fremden Willens stand, daß Du so von diesem Willen gefangen warst, daß Du handeltest in der Meinung, Deinem eigenen Wollen zu folgen und führtest doch nur aus, was andere wollten.

Wie sagt man im gewöhnlichen Leben: Man meint zu schieben und man wird geschoben. Du hast schon von Hypnose und Suggestion gehört, hast von Vorführungen gehört oder ihnen beigewohnt, in denen Menschen durch Berührung, Bestreichen oder durch irgendwelche andere Maßnahmen in einen Halbschlaf versetzt wurden, in dem sie auf Befehl eines anderen Handlungen ausführten, die sie im Vollbesitz ihrer Willenskräfte niemals ausgeführt hätten. Ich könnte Dir eine ganze Reihe solcher Versuche erzählen. Einige wenige mögen genügen, die ich persönlich miterlebte.

Da sind bei einer hypnotischen Vorführung durch den schon eine Reihe von Jahren verstorbenen berühmten dänischen Hypnotiseur Hansen eine Reihe Personen in Halbschlaf versetzt. Von diesen schält auf Befehl des Hypnotiseurs ein junges Mädchen eine rohe Kartoffel, die ihr als Apfel gegeben wird und sie verzehrt einen Teil dieser rohen Kartoffel mit augenscheinlichem Wohlbehagen als Apfel, um, als der Hypnotiseur ihr während des Essens ein „Wach" zuruft, mit Abscheu die Reste auszuspeien. Ein junger Mann, der – soweit ich ihn kannte – nie betete, kniet auf Befehl auf offener Bühne vor einer Zuschauermenge von etwa 800 Personen nieder und betet. Man sah, wie sich alles in ihm sträubte, diesen Befehl auszuführen, und dennoch, er kniet nieder, seine Züge werden die eines andachtsvollen Beters – und er betet. Ein dritter wieder führt einen ihm im Schlafzustande erteilten Befehl für den andern Tag pünktlich auf die Minute erst am andern Tag aus.

Das sind sogenannte Schlafsuggestionen. Ein Mensch, der einmal in solchen hypnotischen Schlaf versetzt wurde, ist für spätere Fälle gewöhnlich sehr leicht zu hypnotisieren. Nicht selten genügt ein von einer tatkräftigen Person ihm eindringlich zugerufenes „Schlafe", um ihn zum willenlosen Werkzeug eines dritten zu machen. Von eigenem Willen ist gar keine Rede mehr. Er ist nur noch weiches Wachs in der Hand des anderen.

Derartigen Schlafsuggestionen sich auszusetzen, ist geradezu ein Verbrechen. Auf Jahre hinaus bleiben solche Personen unselbstständig, leicht beeinflussbar, nicht selten unfähig, für die eigene Person Entschlüsse zu fassen, mit einem Wort unfähig, zu „wollen".

Nun, Du sagst, derartiges ist Dir noch nicht vorgekommen, Du hast noch immer gewusst, was Du gewollt hast. Nun gibt es auch sogenannte Wachsuggestionen, hypnotische Zustände, die bei vollem Bewusstsein des oder der Beteiligten ausgelöst werden. Eigentümlicherweise sind sie viel leichter hervorzurufen bei einer gewissen Menge, bei einer sogenannten Masse, als wie bei wenigen oder Einzelpersonen. Ja, es liegt sogar so, daß, je unbekannter die einzelnen untereinander sind, desto leichter so eine Willensübertragung im Wachzustande vorkommt. – Ist nur ein gemeinsames Etwas vorhanden, das den Boden für gleichförmiges Denken vorbereitet hat, so fließt die Seelenstimmung des einzelnen ineinander über, es entsteht das, was man Volksseele nennt, und diese Volksseele ist nun durch eine geschickte redegewandte Person in nicht seltenen Fällen ein äußerst leicht lenkbares Instrument.

Und da liegt es wieder in der Natur der Sache, daß diese Volksseele hundertmal leichter zum Widerstand, zum Zerstören oder auch zum Nichtstun erregt werden kann, als zur mannhaften Tat des Aufbauens, zur Arbeit und Pflicht. Es ist viel einfacher, so eine wogende Volksseele zum „Nichtwollen", zum Verneinen zu beeinflussen, als sie von der Notwendigkeit einer aufbauenden Tat der Pflicht zu überzeugen.

Auch dies ist ein ganz natürlicher Vorgang. Das Gesetz der Trägheit, das Beharrungsvermögen, das gar nicht selten in Zerstören und Gleichmachen zum Ausdruck kommt, will eben nicht, daß am Boden liegende Steine zu einem Bau werden, es will nicht, daß einer über den anderen erhoben wird, oder daß sich gar einer über den anderen erhebt. Daher kommt es, daß in unseren Tagen leichter tausend Leute dafür zu entflammen sind, ein Gebäude, ein Werk, und sei es das Werk eines Jahrtausends, zu zerstören, als zehn Männer zu gewinnen, die den „Willen" haben, gemeinsam einen Neubau zu errichten.

Nun überlege Dir einmal genau, wie Du solchem Massenwollen gegenübergestanden, ob es nicht auch Dir vielleicht bequem war, in das Kritisieren, Urteilen, Richten, Niederreißen einzustimmen, oder ob du in allen diesen Fällen mit klarem Kopf wirklich „gewollt" hast.

Ich will durchaus nicht sagen, daß es nicht nötig sei, auch an Stelle eines alten Baues einen neuen zu errichten. Ohne Zweifel wird das immer wieder geschehen und geschehen müssen. Kluge Menschen werden aber den Bau abtragen, nicht einfach zerstören. Wo dies geschieht, da muß der alte Bau und die neuen Bauleute gleich viel wert sein, und wenn die bisherigen Bewohner solch gewaltsames Zerstören aller im alten Bau steckenden Werte sich tatenlos gefallen lassen, dann haben eben alle ohne Ausnahme kein Wollen, dann haben sie die rechte Richtschnur für ihr Wollen verloren, dann verdient das Ganze: Bau, Bauleute und Bewohner nichts Besseres, als daß sie verworfen werden.

Ich weiß nicht, ob Du mich verstehst, ich denke, Du wirst merken, was ich meine. Oder siehst Du etwas anderes um Dich als Trümmer? Vielleicht sind sie zum Teil noch zusammengeballt in Lawinen, die zu Tal rollen, um schließlich im Abgrund zu zerschellen.

Für die Denkenden unserer Tage ist aber die Zeit eines neuen Wollens gekommen, ist es Not, das Alte zu vergessen und mit festem Blick in eine neue Zukunft des eigenen Volkes, nicht nur, nein, der Menschheit zu schauen. Pflügen wir ein Neues, das Alte ist vergangen.

Nun aber sei aufrichtig. Hast Du nun wirklich keine Not Deines „Ich"? Weißt Du, welche Richtung Du eingeschlagen, was Du zu wollen hast? Hast Du eine Richtschnur für dein neues Wollen, oder ist es nur das alte unselige „Haben-Wollen", das auch Dich beherrscht? Du fragst vielleicht ganz erstaunt, ob es denn eine andere Richtschnur gäbe, als vor allen Dingen für die eigene Person etwas haben zu wollen. Geht es Dir gut, so geht es auch den andern gut. Wohl – das könnte so sein, wenn nicht so viele da wären, in denen dann die Gier erwacht, daß sie noch mehr, daß sie das Meiste haben wollen, daß es ihnen besser wie den andern, daß es ihnen am besten geht.

Willst Du nicht einmal in erster Linie versuchen, das „Gute" zu wollen; willst Du nicht den aufrichtigen Versuch machen, in all Deinem Tun und Lassen Dich so einzurichten, daß es wahrhaft gut sei? Du fragst mich ganz enttäuscht, „Was ist gut, was ist böse?" – Du bist ein ganz Kluger und sagst: Du seist jenseits von gut und böse. Das hat Menschenweisheit vielen so vorgeredet. Sie sah nur das Ding, sah nur den Stoff und merkte nichts von dem großen Wollen, das hinter diesem allen stand.

Menschenweisheit ist aber so unendlich oft etwas verzweifelt Oberflächliches. Was sie mit den Händen betasten, was sie messen und wiegen kann, das sieht sie; vom eigentlichen Wesen des Seins, ach, da merken nur so unendlich Wenige etwas. Naturgesetze sind in großer Zahl entdeckt und in Worte gekleidet. Viele von ihnen sind wieder verworfen und gewandelt. Meinte man sie aber sicher zu haben, dann schob sich hinter jedes wieder ein großes Fragezeichen, ein Warum. - -

Was ist denn unser Wissen, was wird nicht alles als Wissen und Wissenschaft ausgegeben? - Jahrtausende hatte die Welt und haben die Wissenschaftler dieser Welt zu wissen gemeint, daß die Erde der Mittelpunkt des Alls sei, um den sich alles dreht. Vor vierhundert Jahren etwa glaubte man (verstehe mich recht, ich sage „glaubte man"), entdeckt zu haben, daß die Sonne der Zentralkörper des Weltalls sei, man merkte, daß die alte Anschauung von Weltenwerden und Sein viel Abergläubisches und Falsches an sich hatte, z.B., daß die Sonne nicht auf- und unterging, sondern daß die Erde im Laufe eines Tages eine eigene Umdrehung vollzog, wodurch Tag und Nacht sich bildete. Später kam man dann zur Anschauung, daß nicht die Sonne der Zentralweltkörper, sondern daß dieser irgendwo anders in unendlichen Fernen zu suchen sei. Das alles wusste man, oder vielmehr, *glaubte* man zu wissen.

Und jetzt – nun kommt in unsern Tagen auch ein Wissenschaftler und beweist in einem Buch „Die Erde, nicht die Sonne"[24], haarklein, daß die Erde der einzige Weltkörper ist, der eine eigene Achsendrehung hat, daß die Erde der schwerste Weltkörper ist, daß sie es ist, um die sich alles, alles dreht, daß das ganze übrige Weltall in einjährigem Kreislauf seinen Umlauf um den Mittelpunkt Erde vollendet, daß unsere Erde der einzige Weltkörper ist, auf dem sich Leben, wahrhaftes, rechtes, selbstbewusstes Leben in seiner höchsten Entwicklungsform „Mensch" entwickelt hat.

Was daran wahr ist, ich kann es nicht beurteilen, kann seine Beweise nicht nachprüfen. Ich bin kein Astronom, bin kein Geolog, besitze nicht das Wissen, um dies zu untersuchen. Der großen

---

[24] Johannes Schlaf: „Die Erde, nicht die Sonne", 1919, Dreiländer-Verlag München, Wien, Zürich.

Mehrzahl der Leser wird es gehen wie mir, *sie müssen das meiste alles dessen, was sie zu „wissen" meinen, glauben.*

Aber eins ist uns gewiss, eins wissen wir sicher, weißt Du und ich, nämlich, daß wir leben. Ja, wir wissen noch mehr: daß dies Leben einmal auf dieser Erde einen Anfang gehabt, daß es auf dieser Erde mannigfache Form und Gestaltung angenommen, daß seine vornehmste, vollkommenste Form, die Form, in der es sagen kann, „Ich will", der Mensch ist.

Die Leute haben gemeint – tiefgründige Forscher haben es ja anscheinend bewiesen, in der Natur um uns, da gebe es kein Gesetz, das Richtschnur sein könne für das Verhalten der Menschen untereinander. Ja, einer erkühnte sich zu sagen, *der Besitz ist der Urgrund aller Moral.* Nun, wir haben gesehen, wie dieser Urgrund sich bewährt hat, wie das „Besitzen- und Haben-Wollen" von den ältesten sagenhaftesten Zeiten des Menschengeschlechts an die Ursache war zum Mord, zur Lüge, wie Habsucht und Geiz, jene Selbstsucht, für sich alles zu wollen, die Ursache wurde auch zum letzten schauerlichen großen Kriegs-Morden.

Und dennoch gibt es so ein Gesetz aller Gesetze, das sich täglich um uns offenbart, das uns Menschen Richtschnur sein sollte für unser sittliches Verhalten, für unser Tun und Lassen, welcher Art es sein mag, ein Gesetz, dessen Forderungen wir überall, wo wir sind, in Familie und Haus, im Freundes- oder Gemeinschaftskreise, im Geschäft wie in der Politik, im Verhalten der Einzelnen wie der Völker zueinander Folge geben sollten.
Nicht ist ein menschliches „Suprema lex regis voluntas" (das höchste Gesetz ist der Wille des Königs) das Gesetz aller Geset-

ze, es ist einzig und allein „das große Gesetz des Lebens" selbst, das sich täglich um uns offenbart in tausendfachen Formen. Es ist das große Gesetz des Lebens, in dem ein wunderbarer erhabener Wille zum Ausdruck kommt, ein Wille, dessen höchstes Ziel für diese Erde ist, daß Du und ich leben, daß alle lebten, die vor uns waren, alle leben, die nach uns kommen, ein Wille, der auf so wunderbar einfache Weise in dem Worte zum Ausdruck kommt, durch das gesagt wird, „Gott will, daß der Mensch lebe und volles Genüge habe".

Nein – das mußte nicht kommen. Wie durfte ich in einer Abhandlung, die volkswirtschaftliche Ziele verfolgt, von „Gott" reden. Wohl habe ich das Wort „Gott" schon hier und da in Verbindung mit anderen Dingen gewissermaßen „historisch" gebraucht, aber daß ich Gott in diesem Kapitel, das Dich persönlich angeht, mit in unsere Aussprache hineinziehe, das ist doch nach den Begriffen unserer heutigen Zeit geschmacklos, das will Dir nicht behagen. Ist denn Gott nicht abgeschafft? – Ist's denn nicht für viele bewiesene Tatsache, daß Gott nicht ist, ist es nicht gerade in unseren Tagen für viele Erfahrungstatsache, daß Gott taub und stumm ist, weil er ihre törichten, nur von der Selbstsucht eingegebenen Gebete nicht hörte und darauf nicht antwortete.

Ich sage Dir: Gott ist da! – Ja, Gott ist das Natürlichste von der „Welt", wüsste man noch nichts von diesem unerforschlichen Wesen, unsere verworrene Zeit würde gebieterisch verlangen, daß wir ihn entdeckten, daß wir sein Wollen, seine Absichten erforschten, daß wir wüssten, was dieser Urgrund aller Dinge von uns Menschen verlangt, auf daß wir eine Richtschnur hätten für unser Tun und Lassen, für unser Wollen.

Und ich sage Dir: Gott ist da, Gott hört und Gott sieht, Gott hat noch nie so gewaltig zur Menschheit gesprochen, als in den letzten Tagen und Jahren. Ja, ich behaupte, das Reich Gottes – ein Reich Gottes auf Erden – ist noch nie so nahe gewesen, wie in unseren Tagen.

Aber die Menschen wollen in all ihrem Habenwollen, in all ihrer unersättlichen Lust ihn nicht hören, nicht erfühlen, nicht erfahren. Sie stecken wie der Vogel Strauß den Kopf in den Sand, sagen – es ist kein Gott, denn in dem Augenblick, wo sie ihn anerkennen, da müssen sie ja anders leben, da müssen sie ja die Selbstsucht aufgeben, da müssen sie ja erkennen, daß Gott diese Menschen ins Leben rief, daß sie mit und für einander leben, ja noch mehr, daß sie einander lieben sollen. Und das, ja dies letztere, das ist doch für viele eine unerfüllbare Forderung, unerfüllbar für jene, die in nicht zu beschreibender Lieblosigkeit ihre Mitmenschen ausbeuteten, übervorteilten, knechteten und ebenso unerfüllbar für jene, die nichts anderes mehr können, als hetzen und hassen.

Rede mir nicht vom „Lieben", sagst Du; das Christentum, die Religion der Liebe hat völlig versagt, hat Bankerott gemacht wie alle Religionen.

Wer sagt das? – Sind's nicht alle jene, die dies in unsern Tagen immer wieder verkünden, die vorher Dir mit allen möglichen Mitteln, fein und grob, scheinbar wissenschaftlich und ebenso auch mit plumpen, unwissenschaftlichen, ungefügten Reden Dir das Wissen von Gott, von Christus, von seinen Geboten und Lehren aus dem Herzen rissen.

Nenne mir ein Gottesgebot, nenne mir eine Lehre Christi, des Jesus von Nazareth, die da hätte das gewaltige Kriegsmorden hervorrufen können, mit der Du Gewalt und Macht von Menschen über Menschen verteidigen könntest. - Es gibt keine! -

Wahres Christentum ist höchstes Menschentum, vollendetes Menschentum. – Wahrhaft nach Christus gebildet – der vollkommen, der wahrhaft Gebildete – ein Bild, das Gott gleich sei: Der Mensch, der Gott zu erkennen, zu schauen vermag, der Mensch der vollkommensten Entwicklung. Der einfachste Neger, der seinen Mitmenschen infolge seiner Gotteserkenntnis liebt wie sich selbst, ist ein höher entwickelter Mensch, als der gelehrteste Professor mit ach so viel ungewissem Wissen, wenn er nichts von Liebe, von Liebe zu seinen Mitmenschen weiß und sein Wissen, wie es heute so oft geschieht, nur dazu ausnutzt, um Geld, Geld und nochmals Geld zu machen.

Du redest von Kultur. Du strebst nach Kultur – ich sage Dir, die eingebildete Überkultur unserer Tage, die in dem Menschen eine Seele, die dem Menschen in so unendlich vielen Fällen das Recht auf sein „Ich" absprach, die den Menschen zum Herdentier machte, – ob dies nun durch einen aufs vollkommenste ausgebildeten Militarismus geschah oder durch einen mangelhaft entwickelten Sozialismus oder durch einen noch stümperhafteren Kommunismus, – diese so hochgepriesene Kultur mit all ihrem Drum und Dran, mit ihrer Überindustrie und ihrer Überkunst, mit ihrer unlauteren verlogenen Politik, sie ist's, die den Zusammenbruch, den Sturz in den Abgrund vorbereitet und bewirkt hat.

Frage Dich, ob all diese Entartungen einer solchen verderbten Kultur möglich gewesen wären, wenn jene einfachen Lehren des Christentums, wie sie Dir einst in der Schule gelehrt wurden, im praktischen Leben durchgeführt worden wären.

Frage Dich eindringlich – und wenn Du aufrichtig bist, Du kannst nicht anders antworten – als „Unmöglich".

Aber Du antwortest noch etwas anderes. Du antwortest: „Aber die Kirche!" – Ja, die Kirche, auch ihr wurde der Stempel dieser Kultur aufgedrückt. Nachdem sie zur Staatskirche geworden – nachdem das „cujus regio ejus religio"[25] – in Europa vor Hunderten von Jahren möglich war, wurden die sogenannten Landeskirchen in nur zu vielen Fällen zum Instrument, zum Werkzeug der Staatsordnung herabgewürdigt. Wohl war die Kirche der Träger, das Gefäß des Christentums – aber – auch hier hieße schweigen, sich teilhaftig machen an begangenem Unrecht, an schwersten Fehlern – dieser Träger erfüllte nicht immer seine Pflicht, das Gefäß wurde nicht selten verunreinigt.

Es gibt nicht wenige Christen, die behaupten, daß das Christentum begraben wurde, als Constantin es zur Staatsreligion machte, und nicht wenige Geistliche auch in unsern Tagen, die eine völlige Trennung von Kirche und Staat als eine Befreiung der Kirche von unwürdigen Fesseln, aus Abhängigkeit und Knechtschaft ansehen.

Wenn Du dies alles betrachtest, wenn Du die christlichen Lehren, die einst Deinem kindlichen Herzen eingeprägt wurden,

---

[25] „cuius regio eius religio" zu deutsch: Die Religion der Untertanen hat sich nach der Religion des Fürsten zu richten.

vergleichst mit der Wirklichkeit, dann frage Dich, ob nicht auch Dich eine „Ich-Not" überkommt, ob Dich nicht Zweifel befallen, auf welche Richtung hin Du Dein allerpersönlichstes „Ich will" einstellen sollst, einstellen mußt.

Siehe – Christus hat allen denen, die guten Willens sind, Frieden angeboten, Frieden auf Erden. Jawohl, hier auf Erden! Das ist etwas, das hätten die Staats- und Landeskirchen in ihrer Bedrängnis, in ihrer Abhängigkeit nicht immer sagen dürfen. Es war viel leichter, über das Wort zu sprechen: „Was hülfe es dem Menschen, so er die ganze Welt gewönne, und nähme Schaden an seiner Seele" (nach Lukas: „und verlöre sich selbst"), als etwa über: „Gott will, daß der Mensch lebe und volles Genüge habe".

Das erstere konnte ein jeder Machthaber noch mit anhören, denn die Seele mit ihren Ansprüchen wurde ja zuguterletzt auf das Jenseits verwiesen, aber darüber zu sprechen, von der Kanzel herunter zu allerlei Volk zu sagen, daß hier auf dieser Erde der Einzelne, „volles Genüge" haben solle, das hätte doch in manchen Fällen bösen Anstoß erregen können, wenn dies „volle Genüge" auch dem Leibe zugesprochen wurde.

Man hatte gewissermaßen allmählich vergessen, daß Gott einst diese Erde zum Paradies für die Menschen geschaffen, hatte sich bei dem „Dein Reich komme – Dein Wille geschehe auf *Erden*", schließlich nicht mehr viel gedacht, oder es so vergeistigt, daß für das Leben, das Leben auf dieser Erde nichts mehr übrig blieb. Man hatte vergessen, daß Christus einst gesagt, „Das Reich Gottes ist herbeigekommen" (Mark. 1, 15) und außer acht gelassen, daß einst alle Reiche *dieser* Welt unseres Gottes und seines Christus werden sollten.

Nun höre, das Reich, von dem hier die Rede ist, ist näher gekommen als vor zweitausend Jahren, viel näher vielleicht, als die meisten Menschen ahnen.

Ich habe Dich vorhin gefragt, nach welcher Richtung hin Du Dein „Ich will" einstellen willst. Vermagst Du wohl das „Gute" zu wollen? – Da sind unendlich viele, die wollen heute Frieden, Volksfrieden und Völkerfrieden. Weit über eine halbe Million deutscher Kriegsverletzter, die in einem Bund vereinigt sind, haben ihren Abscheu vor dem grausigen Kriegserleben, vor der Anwendung der Gewalt ausgesprochen. Immer deutlicher wird es, daß Gewalt nur Gewalt erzeugt. Vielleicht merken wir bald, daß die Christusworte „Vergilt nicht Scheltwort mit Scheltwort", oder „Was Du willst, das die Leute Dir tun, das tue Du ihnen" oder gar „Selig sind die Sanftmütigen, denn sie werden das Erdreich besitzen", doch etwas mehr sind, als fromme Redewendungen, oder vornehm- feine Erziehungsformeln, daß es sich bei ihnen um grundlegende naturwissenschaftliche Wahrheiten handelt, die in dieser Weise nur von dem gegeben werden konnten, der von sich sagen durfte: „Ich bin der Weg, die Wahrheit, das Leben".

Ja, *das* Leben, durch das alles ist, was da ist, das sich in diesem Christus, im Jesus von Nazareth, in seiner Ursprünglichkeit der Menschheit offenbarte, um die Menschheit frei zu machen von ihrem unfertigen Wesen, das aus Liebe sich hingab in den Tod, um die Menschen zu erlösen von allen Ketten ihrer Lüste und Triebe, von allen finsteren, ungeistlichen Mächten, die den Menschen verhinderten, wahrhaft Mensch zu werden.

Das vermagst Du nicht zu glauben, und ich verlange dies auch nicht von Dir, Du bist zu oft getäuscht worden. Aber Du glaubst an das Gute, Du glaubst an das Gute in Dir! Willst Du nicht das Gute *tun*, an Dir selbst, in Deiner Familie, in Deinem Wohnort, in Deinem Volke?

Allerdings da kommt die Not auch Deines Ich wieder zutage. Kannst Du wirklich das Gute wollen, vermagst Du Dein eigen Ich, Deine Selbstsucht so zu überwinden, daß Du Deinen Nächsten liebst wie Dich selbst?

Ist denn das so schwer? In Wirklichkeit ist es nicht schwerer, als auf der Straße aufrecht und sicher Deines Weges zu gehen und denen, die mir Dir gehen und denen, die Dir begegnen, das gleiche Recht zu lassen. Vielleicht kommt noch hinzu, daß Du, wenn einer der mit Dir Gehenden fällt oder hinstürzt, diesem Gefallenen aufhilfst, wenn er sich allein nicht wieder erheben kann. Ich bin sicher, Du betrachtest dies als selbstverständlich. Ich kann mir nicht denken, Daß Du so einem Gefallenen nicht solltest helfen wollen. Kannst du Gerechtigkeit üben, das heißt nicht über andere richten oder gar recht haben wollen, sondern anderen die gleichen Rechte einräumen, wie Du sie für Dich beanspruchst?

Sieh, alle die wirtschaftlichen Fragen, die in den früheren Abschnitten dieses kleinen Buches erörtert wurden, sie sind mit Leichtigkeit zu überwinden, wenn du Dich selbst überwindest, wenn du eine Erneuerung Deines Denkens vornimmst, wenn Du die alten ausgetretenen Irrpfade der Menschheit verlässt, wenn du das Reichwerdenwollen aufgibst und am ersten trachtest nach einem Reiche Gottes, denn dann wird Dir alles zufallen, alles das werden, Dir und den Deinen, was Du nur immer gebrauchst.

Du sagst, dies Reich Gottes, dies Reich einer Glückseligkeit auf Erden ist unmöglich. Du hast recht. Es ist unmöglich für die Menschen, die nicht wollen, die nicht von ihrem argen, bösen, von allen Leidenschaften verderbten Wesen lassen wollen. Es wird erst einst vollendet werden – auch auf dieser Erde-, wenn der Wille des Königs des Lebens für alle inneres Gesetz geworden ist. Es kann dies Reich Gottes nicht durch Parlamente und Abstimmungen von Menschenhand gewaltsam errichtet werden.

Aber Du kannst etwas anderes sein, Du kannst Wegbereiter sein oder Wegbereiter werden für dies wunderbare Reich auf dieser Erde, wenn Du Dich mit denen zusammentust, die gleich Dir zur größten persönlichen Freiheit gelangen und in einer Gemeinschaft leben wollen, die einem jeden lässt und gibt, was sein ist, die keinen vergewaltigt, sondern jedem, soweit dies nur menschenmöglich ist, den Grund und Boden unter die Füße gibt, ihm zu jenem Wohlstand verhilft, jenes Wohlstehen und Feststehen ermöglicht, daß er wahrhaft unabhängig und frei zu einer solchen persönlichen Entwicklung kommen kann, um mit Recht den Namen „Mensch" zu führen.

Daß der Einzelne, der sich zu einer solchen Gemeinschaft bekennt, diesen hohen Stand menschlicher Entwicklung erlangt und behält, das ist dann in jedes Hand gegeben.
Vielleicht fühlst Du Dich noch nicht reif zu einer solchen Gemeinschaft, einer Gemeinschaft der Freunde, vielleicht wirst Du erst mit dem einen oder anderen Zweig ihres Wesens einen Versuch machen. Du darfst es, denn diese Gemeinschaft verlangt nichts, was über Deine Kräfte geht, sie stößt niemand hinaus, der meint, ihre Hilfe gebrauchen zu können, sie weist niemand zurück, der wahrhaft das Gute will, der an dem Bau helfen möchte,

dessen Grund schon vor zweitausend Jahren gelegt wurde, als der Ruf ertönte: „Friede auf Erden allen denen, die guten Willens sind".

Nun noch ein Wort an solche, die sich Christen nennen. Vielleicht wird von solchen der Vorwurf erhoben, ein Unterfangen wie das in diesem Buch mehrfach und besonders in diesem Abschnitt angedeutete, sei voreilig. Man wird sagen, wenn Gottes Zeit gekommen, werde er sein Werk schon ausführen. Recht geredet. Aber wenn Du Christ sein willst, dann habe ich Dich etwas zu fragen. Du betest das „Vaterunser", vielleicht täglich oder sogar mehrmals am Tage. Du betest „Unser täglich Brot gib uns heute" und tust Recht daran. Aber getreu der Vorschrift „Bete und arbeite", tust Du täglich Deine Pflicht, schaffst das Deine und arbeitest mit Deinen Händen, vielleicht über das tägliche Brot, so daß Du den Bedürftigen noch abgeben kannst.

Du hast in der Adventszeit gesungen: „Bereitet doch fein tüchtig den Weg dem großen Gast, macht seine Wege richtig, lasst alles, was er haßt."

Das hast Du gesungen, aber was hast Du zu dieser Wegbereitung getan?
Was hast Du Deinerseits *getan*, daß Gottes Wille auf Erden geschehe, daß Sein Reich komme und gebaut werde? – Hast Du Dich vielleicht darauf beschränkt, auf die böse Welt da draußen zu schelten, oder hast Du als einzelner, hat Deine Gemeinde auch nur öffentlich Widerspruch gegen Unrecht und Vergewaltigung, gegen Ausbeutung und Wucher erhoben, wo solches und von wem es auch geschah? -

Hast Du es nicht getan, so bist Du mit Schuld an diesem Unrecht. Hast Du etwas getan als einzelner oder in Deiner Gemeinde, um Deiner Umwelt frei und offen ein Stücklein „Gottes-Reich" vorzuleben? – Oder tatest Du das nicht einmal in Deiner Familie? –

Du hast geglaubt – Du hast gebetet – recht so, aber vielleicht doch nicht gehandelt und getan, wie es Dein Glauben und Beten Dir vorgeschrieben hat.

Du hast von anderen verlangt, daß sie glaubten, hast ihnen etwas vorgeglaubt und vorgebetet. - Hast Du ihnen auch etwas vorgelebt? – Bitte, prüfe Dich genau, wie es mit Dir steht. Denke daran, daß nur jene das Himmelreich, auf das Du hoffst, ererben, daß nur jene in das Reich Gottes einziehen, die den Willen des Vaters im Himmel *tun*. – Um Dinge des Glaubens ist mehr wie genug, ja viel zu viel gestritten, – jetzt geht's ums Tun – bist Du ein Tatchrist? – Bist Du's nicht, nicht im Sinne eines Arbeiters im und am Reiche Gottes, dann bist du mit schuld daran, daß heute der Unglaube verkündet wird; das Christentum hat versagt, hat Bankerott gemacht. – Hast Du's versäumt, zu „*tun*", zu handeln, dann bricht jetzt auch über Dich eine „Ich-Not" herein, die Dich zwingt, Dich jetzt zu entscheiden, ob Du das sein und leben willst, was Du bisher geglaubt hast.

Aber ich merke, Du hast noch ein Wort auf der Zunge. Du erwiderst: Sagten nicht die Apostel zu denen, die nach dem Weg zur Glückseligkeit fragten: „*Glaube* an den Herrn Jesum Christum, so wirst Du und Dein Haus selig" – gewiß – so war's und ohne Zweifel war die Antwort die rechte. Nun, Du glaubst an ihn, dann mußt Du aber auch seinen eigenen Worten glauben und vor allen Dingen diesen Worten folgen. Der reiche Jüngling glaubte auch an ihn, aber vermochte er zu tun? – Und vermagst Du Dein Habenwollen, Dein Reichwerdenwollen, Deinen maßlosen Ehrgeiz, Deinen Hochmut, Deinen Stolz, - vermagst Du Dich selbst zu überwinden? –

Lies einmal recht aufmerksam nach, was Matthäus 25 vom 31. bis zum 40. Verse geschrieben steht, und was der gleiche Evangelist im siebenten Kapitel seiner Jesusschrift vom 20. bis zum 28. Verse von seinem Meister erzählt.[26]

---

[26] Für solche, die keine Bibel zur Hand haben, seien die Texte im nachfolgenden wiedergegeben: 1. Wenn aber des Menschen Sohn kommen wird in seiner Herrlichkeit und alle heilige Engel mit ihm, dann wird er sitzen auf dem Stuhl seiner Herrlichkeit/ und werden vor ihm alle Völker versammelt werden. Und er wird sie voneinander scheiden, gleich als ein Hirte die Schafe von den Böcken scheidet/ und er wird die Schafe zu seiner Rechten stellen und die Böcke zur Linken. Da wird dann der König sagen zu denen zu seiner Rechten: Kommt her, ihr Gesegneten meines Vaters, ererbet das Reich, das euch bereitet ist von Anbeginn der Welt!/ Denn ich bin hungrig gewesen, und ihr habt mich gespeiset. Ich bin durstig gewesen und ihr habt mich getränket. Ich bin ein Gast gewesen und ihr habt mich beherberget./ Ich bin nacket gewesen, und ihr habt mich bekleidet?/Ich bin krank gewesen und ihr habt mich besucht. Ich bin gefangen gewesen und ihr seid zu mir kommen./ Dann werden ihm die Gerechten antworten und sagen, Herr, wann haben wir dich hungrig gesehen und haben dich gespeiset? Oder durstig und haben dich getränket? /Wann haben wir Dich als einen Gast gesehen und beherberget? Oder nacket und haben dich bekleidet?/Wann haben wir dich krank oder gefangen gesehen, und sind zu dir kommen? /Und der König wird antworten und zu ihnen sagen: Wahrlich, ich sage euch, was ihr getan habt einem unter diesen meinen geringsten Brüdern, das habt ihr mir getan./ - 2. Darum an ihren Früchten sollt ihr sie erkennen. /Es werden nicht alle, die zu mir sagen: Herr, Herr ! in das Himmelreich kommen, sondern die den Willen tun meines Vaters im Himmel./ Es werden viele zu mir

Vielleicht kommt dann auch über Dich das Entsetzen über die große Not Deines ureigenen Ich. Vielleicht kommst auch Du zur echten, mannhaften Tat, aber verstehe mich ja recht, nicht zu einem wehleidigen Wohltun, zu einem Bestechungsopfer gegenüber Deinem Gott – Nein – Nein – Du wirst ein rechter Mensch, ein wahrhafter Arbeiter am Gottesreiche auf Erden!

Wir beide.[27]

Nun habe ich mit Dir geredet. Wir beide stehen uns gegenüber. Du – und ich. Warum wollen wir uns gegenüberstehen? – Willst Du nicht einschlagen in meine Hand? – Willst Du nicht an meine

---

sagen an jenem Tage: Herr, Herr! Haben wir nicht in deinem Namen geweissagt? Haben wir nicht in deinem Namen Teufel ausgetrieben? Haben wir nicht in deinem Namen viele Taten getan?/ Dann werde ich ihnen bekennen: ich habe euch noch nie erkannt; weichet alle von mir, ihr Übertäter!/ Darum, wer diese meine Rede hört und tut sie, den vergleiche ich einem klugen Mann, der sein Haus auf einen Felsen baute./ Da nun ein Platzregen fiel, und ein Gewässer kam, und wehten die Winde, und stießen an das Haus, fiel es doch nicht; denn es war auf einen Felsen gegründet./ Und wer diese meine Rede hört und tut sie nicht, der ist einem törichten Manne gleich, der sein Haus auf den Sand baute./ Da nun ein Platzregen fiel und kam ein Gewässer, und wehten die Winde, und stießen an das Haus, da fiel es, und tat einen großen Fall./ Und es begab sich, da Jesus diese Rede vollendet hatte, entsetzte sich das Volk über seine Lehre.

[27] Der Inhalt dieses ursprünglich letzten Kapitels ist durch Entwicklung in den letzten fünf Jahren teilweise überholt. (Anmerkung des Verfassers).

Seite treten und mit mir gehen? – Dadurch, daß Du dies Büchlein lasest, wurde Dir ein Ruf – willst Du ihn hören?

Wollen wir beide eine Gemeinschaft bilden, eine rechte, echte Gemeinschaft, eine Gemeinschaft von Freunden, auf die mehrfach in den verschiedenen Abhandlungen hingewiesen ist? – Laß Dir noch kurz erzählen, was diese Gemeinschaft sein möchte.

Die Gemeinschaft der Freunde will eine unter neuen Rechtsformen sich bildende gemeinnützige Vereinigung sein, die über allen politischen Parteien, über allen konfessionellen oder Glaubensspaltungen stehend, allen, die sich ihr in mehr oder minder fester Form anschließen, helfen möchte, die schweren Zeitnöte zu überwinden. Als größtes und Hauptziel möchte sie sich setzen, ihren Gliedern, in städtischen Gemeinschaftshäusern, Wohnungen oder in städtischen, gartenstädtischen oder ländlichen Siedlungen Häuser, möglichst mit Gärten und Äckern zu verschaffen, entweder als freie Eigenheime oder in Form von Heimstätten auf Grund des Reichsheimstättengesetzes.

Diese neue Gemeinschaft will ein völlig freies, vom Staat und von der Politik unabhängiges Unternehmen bleiben. Selbstverständlich wird sie alle Gesetze und Möglichkeiten die gegeben sind, für sich ausnutzen, und die Mitglieder werden gehalten sein, gleichgültig welchen politischen Bildungen sie angehören, jede öffentliche und politische Maßnahme zu fördern, die im Sinne der Ausführungen des Abschnitts „Wem gehört das Land?" geeignet sind, zu einer gerechten Zuweisung von Grund und Boden beizutragen.

Irgendeine Verteilung von Gewinnen an Einzelmitglieder wird satzungsgemäß ausgeschlossen sein. Alle erzielten Überschüsse fließen, soweit sie nicht zur Bildung eines Gemeinschafts-Grundvermögens und eines Grundstocks für unvorhergesehene Ausgaben dienen, an die der Gemeinschaft angeschlossenen, entsprechend denen von ihnen erworbenen Rechten zurück.

Die Gemeinschaft wird in keiner Weise versuchen, auf politischem Wege ihre Einrichtungen irgend einer Gesamtheit aufzuzwingen; sie will und kann nur solchen dienen, die aus freien Stücken sich zu ihren Grundsätzen bekennen; sie will auch jeden Zwang vermeiden bei der Erwerbung ihrer Rechte, diese sollen aber wirklich erworben werden, wie auch jedes Mitglied seine Rechte der Gesellschaft gegenüber erwerben und durch Erfüllung seiner Pflichten sich erhalten muß.

Die Gemeinschaft übt ihren Mitgliedern gegenüber keinerlei Glaubens- oder Gewissenszwang aus. Sie verlangt von jedem, der sich ihr anschließen will, die Versicherung, daß er aufrichtig das Gute wolle, das Wohl der Gemeinschaft und aller Gemeinschaftsmitglieder erstrebe und daß er sich zur Innehaltung aller ihm durch seinen Anschluss erwachsenden Obliegenheiten verpflichte.

Leute unlauteren und unordentlichen Wesens, Wucherer, Verschwender, Säufer, Raufbolde, Hurer und solche, von denen die Gemeinschaft meint, eine Störung ihrer Verhältnisse befürchten zu müssen, finden keine Aufnahme, und wo sie dennoch Einlaß gefunden haben, da kann die Gemeinschaft sie ausweisen. Irgendwelche Ansprüche an das Gemeinschaftsvermögen bestehen für keines der Mitglieder, soweit es sich nicht um eigene, rückzahlbare Einlagen handelt.

Das erste Jahr der Bildung der Gemeinschaft der Freunde gilt als Gründungsjahr.

Es bedarf keiner Frage, daß die Lösung der Wohnungsfrage unter den Verhältnissen unserer Tage nicht durch einzelne erfolgen kann. Diese wahrhafte Riesenaufgabe kann nur durch eine Gemeinschaft gelöst werden, die unter der gewissenhaften Leitung ernster, um das allgemeine Wohl treu besorgter Männer und Frauen steht. Der Staat kann diese Aufgabe nicht lösen, er würde unter den heutigen Verhältnissen einfach zu teuer arbeiten; das beweisen die mancherlei Erlebnisse mit den Kriegsgesellschaften und mit mancherlei kommunalen Einrichtungen.

Die Gemeinschaft der Freunde wird als Wirkungsbereich vorläufig nur das engere deutsche Vaterland ansehen. Wo nur an einem Orte sich einige zusammenfinden, die sich ihr anschließen wollen, da wird sie es sich zur Aufgabe machen, deutschen Kindern wieder Vaterhäuser zu beschaffen, sie wird dazu wirken, daß das Wort Vaterland wieder vollen, echten Klang bekommt. Nichts wird ferner und unversucht gelassen werden, die Gedanken des vorliegenden Buches in weiteste Kreise des Auslandes zu tragen, um auch dort die Bildung ähnlicher Gemeinschaften anzuregen.

Vor allem sei eines hervorgehoben, die persönliche Wirksamkeit und Tätigkeit der einzelnen Mitglieder wird in keiner Weise durch ihren Anschluss an die Gemeinschaft berührt, jeder bleibt, soweit sein Tun und Lassen nicht gegen die Grundsätze der Gemeinschaft verstößt, Herr seiner Entschließungen, Herr über seine Erwerbsmöglichkeiten, über das sonst von ihm Erworbene, ob er Arbeiter oder Angestellter oder selbstständig, ob er Handwerker oder Gelehrter ist, ob er sich der Kunst oder dem Ackerbau widmet. Jedem wird und bleibt das Seine, das er besitzt oder sich durch seine Arbeit, seine Fähigkeiten, seinen Fleiß erwirbt. Natürlich auch das, was er ererbt. Darauf aber wird die Gemeinschaft Wert legen, daß die ihr Angeschlossenen durch Arbeit ihren Unterhalt erwerben, solange sie arbeitsfähig sind, und besonders darauf, daß durch Innehaltung und Einführung vernünftiger Arbeitszeiten (in nichtlandwirtschaftlichen Gewerben ungeteilte Arbeitszeit und Sommerzeit) dem einzelnen es möglich gemacht wird auf dem erworbenen Boden, soweit es nur in seinen Kräften steht, die Erzeugung von Nahrungsmitteln für den eigenen Bedarf durch Gartenbau und Kleintierzucht zu betreiben, um sich und seine Familie möglichst frei und unabhängig zu machen, damit er auf der eigenen Scholle, von der ihn niemand vertreiben kann, wahrhaft zu einem rechten Familienleben durch Arbeit, an der er Freude hat, durch Fleiß und Sparsamkeit zum Wohlstand kommen kann.

Wer nun sich weiter über diese Gemeinschaft der Freunde unterrichten will, der schreibe unter Beifügung von dreißig Pfennigen in Marken an die Geschäftsstelle der Gemeinschaft der Freunde Wüstenrot (Württemberg) die ihm bereitwilligst Auskunft erteilen wird.

Gelingt es, unter Berücksichtigung der in diesem Buche in mancherlei Richtung entwickelten Grundsätze diese Gemeinschaft ins Leben zu rufen, gelingt es ihr, so viele Freunde in allen Teilen des Reiches, aus allen Kreisen des Volkes zu vereinigen, daß der Erfolg ein lebendiges Beispiel für die Gesamtheit wird, dann werden nicht nur viele Einzelne, dann wird schließlich das ganze deutsche Volk nicht zu einem seine sittliche Entwicklung gefährdeten Reichtum kommen, aber *alle, die guten Willens sind, werden herausgeführt werden aus schmachvoller, würdeloser Armut zu einem körperliche, geistige und seelische Freiheit sichernden Wohlstand. - Willst Du mithelfen?*

Das letzte Kapitel.

Sonderbar – daß ein Buch zwei letzte Kapitel hat, ein altes und ein neues. Dieses neue Kapitel kann wieder nur feststellen, wie es im Anfang des Buches geschehen ist, daß das deutsche Volk arm, ganz arm geworden ist. Und dennoch, die Armut von 1919 und 1920 war eine ganz andere als die von heute. Damals glaubten wir, in unseren Spartöpfen, in unseren Sparbüchern und Wertpapieren doch noch Werte irgendwelcher Art zu besitzen. Inzwischen haben wir erkennen müssen, daß wir doch noch ärmer werden konnten.

Wie mit einem Zauberstabe hat der Valutateufel allen alles aus der Hand geschlagen. Alle Sparanlagen wurden vernichtet, alle kleinen und Mittelkapitalien sind durch die sogenannte Erfassung der Sachwerte ebenfalls minderwertig geworden, so daß selbst der Hausbesitzer, ja der schuldenfreie Hausbesitzer, der durch die Entwertung der Hypotheken scheinbar reich geworden war, einen Besitz hat, an dem er keine Freude mehr haben kann, weil er so belastet ist, weil dieser Besitz so wenig für ihn abwirft, daß es für viele vielleicht richtiger wäre, wenn es ihnen nicht darum zu tun wäre, fest in einer eigenen Wohnung zu wohnen, auf dieses Besitztum oder auf dieses Hauseigentum zu verzichten, um aller Lasten ledig zu sein, die ihnen dieser Besitz auferlegt. Gesetze, insbesondere Steuergesetze, wie sie tatsächlich kindischer nicht erfunden werden könnten, drücken auf die Gesamtheit unseres Volkes. Ein ungeheurer Verwaltungsapparat, der alles staatlich regeln wollte, dessen Kosten und Lasten auf die Dauer nicht getragen werden können, erdrückt uns fast und dazu kommen jene Lasten, die das ehemals feindliche Ausland uns auferlegt hat, in einer solchen Höhe auferlegt hat, daß es schier unmöglich erscheint, jemals dieses Joches los und ledig zu werden.

Und bei dem allen nun eine ganz besondere Not, eine Not, von der neunzehntel unseres Volkes nichts merken, eine Not, die man nicht in den vollen Schaufernstern in den Hauptverkehrsstraßen, in den angefüllten Cafés und Kinos, in der Masse der allsonntäglichen Feste, der wochenlangen Ausstellungen aller Art bemerkt, die Wohnnot. Ein Zehntel aller deutschen Familien ohne ein rechtes eigenes Heim, die meisten aller jungen Paare ohne Aussicht auf ein solches Heim. Verkümmern muß unser deutsches Volk, wenn nicht mit allen Mitteln dazu geholfen wird, daß die deutsche Familie wieder ihr eigenes deutsches Heim bekommt, ein eigenes Heim auf eigener Scholle.

Bismarck hat einmal gesagt: „Das Verwachsen mit der Scholle ist ein Grundzug deutschen Charakters und eine Wurzel seiner Kraft."

Und wir sind entwurzelt! – Das Verwachsen mit der Scholle ist zerrissen, ist aufgehoben. Neun Zehntel aller deutschen Familien wohnen zu Miete, das deutsche Volk ist zu einem Mietvolk geworden. Das Volk der Großstädte und Industriezentren ist ein saftloses, kraftloses Geschlecht, das nur noch als Masse aufzutreten wagt und doch auch als Masse so schwach, so erbärmlich, so niedrig geworden ist, daß es an allen Ecken und Enden der Fürsorge bedarf.

Was ist das für ein erbärmliches Geschlecht, was ist das geradezu für ein Schmarotzergeschlecht, das vom Kindes- bis zum Greisenalter bei jedem Schritt und Tritt der Fürsorge und des Gängelbandes bedarf! Mich ekelt, ja mich ergreift körperlicher Ekel über diese Schmarotzerhaftigkeit unseres Volkes, und wundes Wehe sollte die Herzen aller wahren Männer und Frauen unseres deutschen Volkes erfassen über diese erbärmlichen Zustände.

Bei dem allen gibt es nur einen Weg, einen Weg, den nicht die Masse, den nur der Einzelne gehen kann, den Weg des Wollens. Es heißt einfach, sich aufbäumen gegen die Dinge, wie sie heute sind, es heißt einfach, sich herausreißen aus kranken, elenden Verhältnissen. Es handelt sich darum, nicht mehr zu schreien nach würdeloser Staatshilfe. Handelt es sich doch darum, daß der Mann wieder zum Mann wird. Nicht Tarife irgendwelcher Art, nicht Verbände der Schwachen, nicht Syndikate und Truste der Reichen und Gewaltigen können uns helfen, nur der einzelne Mann, die einzelne Frau, die mit mutigem Auge die Wunde betrachtet, die alle beschönigenden Schutzdecken hinwegreißen von dem Elend; nur jene, die da lernen, daß sie sich selbst mit Gottes Hilfe helfen können, werden Gelegenheit haben, zu einem Ausstieg, zu einem neuen glückhaften Sein, zu einem neuen Volkserleben, das sich los macht von allem Alten, das der Verwesung anheim zu fallen droht.

Und da ist nun die Wohnnot, die uns gewaltsam auf den Weg drängt, der zu gehen ist. Wir müssen heraus aus der vernichtenden Atmosphäre der Großstadt, müssen den einzelnen frei machen aus sklavischen Mietsverhältnissen, müssen dem einzelnen dazu helfen, daß er ein Stück eigenen Bodens unter den Füßen und ein Dach über dem Haupt hat.

In dem vorhergehenden Kapitel ist davon die Rede, daß die Gemeinschaft der Freunde, die sich aus den Lesern dieses Buches einmal bilden sollte, als letztes Ziel, als größtes und Hauptziel, die Beschaffung von Eigenheimen in die Wege leiten solle. Die Gemeinschaft der Freunde hat sich gebildet, aber das in Aussicht genommene letzte Ziel hat sie nun zuerst in Angriff genommen. Die Beschaffung von Eigenheimen und zwar nicht auf Boden, der der Gemeinschaft der Freunde als Eigentum gehört, sondern auf freiem Grund und Boden für jeden Einzelnen. Als vor jetzt bald fünf Jahren dieses Buch zum ersten Mal erschien, meldeten sich viele Freunde aus dem ganzen deutschen Vaterlande, weil sie der Meinung waren, daß die darin aufgezeigten Wege tatsächlich zur Bildung von etwas Neuem führen könnten. So wurde denn 1921 in Stuttgart diese Gemeinschaft der Freunde gegründet. Aus ganz Deutschland sandten Freunde Gelder ein. Die Teuerung aber, unter der wir schon bei der Herausgabe der ersten Auflage des Buches litten, sie wuchs von Tag zu Tag und da niemand wusste, was werden würde – das Wort Inflation kannte man damals noch nicht – so sandte die Gemeinschaft der Freunde denen, die sich ihr auf Grund eines Vertragsverhältnisses anschlossen, ihre Gelder wieder zurück, um der Verantwortung enthoben zu sein, was damit werden könnte oder werden sollte. Als dann im Herbst 1923 die Festigung unserer Währung eintrat, da schrieben an den Gründer und Leiter ehemalige Freunde aus ganz Deutschland und mahnten, das begonnene Werk doch aufs Neue aufzunehmen, es in die Tat umzusetzen. Dem Gründer selbst ließ der Gedanke keine Ruhe. Das Drängen und Treiben nach der Vollendung des Werkes ließ ihn aufs Neue die Arbeit beginnen, denn die Wohnnot war inzwischen immer stärker, immer drückender geworden. Das Zwangsmietegesetz hatte derartige eckige, kantige, unerträglich drückende Verhältnisse hervorgerufen, daß das Sehnen nach dem eigenen Heim in den Herzen unendlich vieler immer lebendiger wurde. Das Problem der Beschaffung von Eigenheimen, das schon seit Anfang des Jahrhunderts, seit dem Entstehen deutscher Gartenvorstädte und Gartenstadtbaugenossenschaften den Gründer bewegte, mußte jetzt oder nie eine Lösung finden. All das Denken, Rechnen und Überlegen vergangener Jahre brachte jetzt die Frucht. Im April 1924 trat die Gemeinschaft der Freunde wiederum an die Öffentlichkeit, zu einer Zeit, als im Monat bis zu 10 % Zins für Leihgelder gezahlt wurden, infolge der ungeheuren Knappheit aller Barmittel. Das schier Unmögliche wurde versucht. Die Gemeinschaft der Freunde bot solchen, die nach ihrer Methode zu einem eigenen Heime kommen wollten, einen Jahreszins von nur 3 % und die Erwägungen, die über Zinsnehmen und Zinsgeben in den von der Gemeinschaft der Freunde verbreiteten Schriften kundgegeben wurden, sie veranlaßten viele, trotz dieses geringen Jahreszinses ihre Spargelder der Gemeinschaft der Freunde anzuvertrauen.

Aller menschlichen Erwägung widersprechend, gelang der große Wurf. Unendlich viele kamen zu der Erkenntnis: hier bahnt sich etwas Neues an. Zuerst langsam, sehr langsam, dann in stetig steigendem und sich beschleunigendem Zeitmaß schlossen sich die Bausparer der Gemeinschaft der Freunde an. Bausparer, so nannte die G.d.F. jene, die ihre monatlichen Spargelder bei ihr anlegten, um nach einem gerechten System jeder nach seiner Zeit, der eine in kürzerer, der andere in längerer Frist zum Baugeld für ein eigenes Heim, zur Erwerbsmöglichkeit für eine eigene Scholle zu kommen. Heute schon ist der Erfolg unbestritten. Im dem ersten Jahr der praktischen Tätigkeit oder richtiger, in den ersten sieben Monaten, verpflichteten sich schon 171 Bausparer, die sich im Jahre 1924 nach und nach angeschlossen hatten, über 2.244.000 Goldmark zu sparen. Bis Ende 1925 ist ihre Zahl auf über 10.000

gewachsen. Schon sind in rund 9 Monaten des Jahres 1925 150 Eigenheime mit 2,25 Millionen Mark finanziert worden.

Eine völlig neue Form des Geldaustausches und des Geldverkehrs hat sich durch die G.d.F. entwickelt. Nicht mehr dienen Zinsen dazu, um fremde Kapitalien aufzubauen. Die von den ersten Bausparern zu Gunsten der späteren zu zahlenden Zinsen kommen diesen wieder zugute und schließlich zahlt der Einzelne nur wenig mehr während der Zeit des Erwerbs oder der endgültigen Bezahlung seines eigenen Heimes einschließlich aller Zinsen und Unkosten, als das Heim tatsächlich gekostet hat.

Das ist ein ganz gewaltiger Unterschied gegen frühere Zeiten, wo eine Familie jahraus, jahrein, vielleicht fünfzig Jahre lang zur Miete wohnte, ohne am Schluß ein eigenes Heim zu besitzen, während heute, innerhalb verhältnismäßig kurzer Zeit der Einzelne, ohne wenig mehr zu zahlen, als wenn er zur Miete wohnte, am Schluß dieser Zins- und Abzahlungsperiode sein eigenes schuldenfreies Heim besitzt. Es handelt sich geradezu um das Problem der Vereinigung von Individualismus und Sozialismus bzw. Kommunismus. Bei voller persönlicher Freiheit des Einzelnen dient einer dem andern mit seinem Geld, mit seinen Sparmöglichkeiten vorübergehend, unter von der Gemeinschaft der Freunde selbst geschaffenen Gesetzen, unter neuen Rechtsformen, von denen schon in anderen Kapiteln des Buches die Rede ist und der Enderfolg für die einzelnen Familien oder für den Einzelnen ist das „eigene Heim".

Ob und welch weitere Gebiete für die Tätigkeit der Gemeinschaft der Freunde sich als fruchtbar erweisen, das mag nun vorläufig dahingestellt bleiben. Das aber ist heute schon bewiesen, daß das gegenseitige Helfen und Dienen, das Für- und Miteinander-Leben für den Einzelnen, wie für die Massen zu einem größeren Erfolg führt, ein befriedigenderes Ergebnis zeitigt, als alles Gegen- und Voneinander-Leben, als ein noch so heftiges Bekämpfen der Einzelnen oder der verschiedenen Volksgruppen untereinander. Wenn nicht ganz eigenartige Verhältnisse eintreten, so wird das Vorgehen der Gemeinschaft der Freunde dazu führen, daß die Großstädte und die Industriezentren aufgelockert werden, daß jeder Familie ein rechtes Vaterhaus beschert wird, und daß dadurch, daß der Einzelne ein Stück der deutschen Muttererde zu eigen bekommt, ihm Deutschland das wieder wird, als was es die Massen einst verloren hatten:

ein rechtes deutsches Vaterland!

Kleinschriften

Zur Vollendung

Wenn die Pflugschar im Acker
Das Unterste zu oberst kehrt –
Wenn die Egge mit scharfen Zacken
Mitleidlos ihn dann durchfährt –
Weißt du nicht, daß es geschieht,
Daß die Arbeit recht gelinge,
Daß ihm Schmerz bereitet wird,
Auf daß Frucht er bringe?

Muß doch fließen das Metall,
Daß die Glocke läute,
Auf daß sie mit lautem Schall
Töne in die Weite.
Un des Hammers harter Schlag
Fährt oft auf das Eisen,
Daß es sich zu rechter Zeit
Mög als Stahl erweisen;
Auch vom ungefügen Fels
Wird manch' Stück erschlagen,
Soll er aller Welt zur Freud
Schöne Züge tragen.
Gar der schönste Edelstein
Leuchtet erst in Strahlen,
Wenn vorher er still und stumm,
Trug des Schleifens Qualen
Und die Fackel? – Ach sie kann
Erst in Gluten lodern,
Ohne heißen Schmerzensbrand
Würd' sie nur vermodern. –

Drum, wenn sich Dein Meister naht,
Daß er Dich vollende,
Gib Dich willig und getrost
Still in seine Hände! –

Gerechtigkeit

Gerechtigkeit –

Ich will Gerechtigkeit
Und weiter nichts! –

Gerecht sein –
Welch ein schweres Wort –
Es heißt: „Dem andern
Rechte lassen,
Die ich selber will!" –
Heißt, daß auf dieser Welt
Ich nicht allein –
Daß andre mit mir atmen,
Leben wollen.

Von mir verlang ich mehr,
Ich möcht die andern lieben,
Wie mich selbst!

Doch fordre ich für mich
Und für mein deutsches Vok
Nichts – weiter nichts –
Als nur – Gerechtigkeit –
Ich will Gerechtigkeit!

Kropp's Michelkalender 1919

Dem Frühling:

Treu aus der Liebe Samen,
So Du kämpfst! –

Und ist der Boden steinig,
Kalt und hart,
Trägt Dornen er und Disteln nur,
Ja – kommt die Sohn und hat aufgezogen,
Wenn Du liebst –
Und trifft Dich Spott und Schmach
Für Deine Liebe –

Es kommt der Tag,
Da bricht mit Macht hervor,
Was Du gesät –,
Wenn es aus reiner Lieb'
In Liebe mir gepfl. –

Treu aus der Liebe Samen,
So Du kämpfst! –

Zur Erinnerung an Februar – März 1920.
Heilbronn d. 18/3 1920
gewidmet von Onkel Georg Brogg!

An Paulinchen

Streu aus der Liebe Samen,
wo Du kannst! –

Und ist der Boden steinig,
Kalt und hart,
Trägt Dornen er und Disteln nur,
Ja – kommt Dir Hohn und Haß entgegen,
Wenn Du liebst –
Und trifft Dich Spott und Schmach
Für Deine Liebe –

Es kommt der Tag,
Da bricht mit Macht hervor,
Was du gesät – !
Wenn es aus reiner Lieb'
In Liebe nur geschah. –

Streu aus der Liebe Samen,
wo du kannst! –

> Zur Erinnerung an Februar - März 1920
> Heilbronn d. 18.3.1920
> gewidmet von Onkel Georg Kropp!

Sonne des Glücks

Sonne des Glücks,
Du bist versunken, –
Wie waren trunken, –
Zu Narren geworden.

Zu Großem geboren,
Zu Hohem erkoren,
Sind jetzt wir verloren! –

Wir streckten gierig
Die starken Hände
Nach fremdem Erbe.
Wir beugten die Seelen,
Wir neigten die Glieder
Vor jenem Fürsten,
Des' Joch zwingt die Erde. –
Wir lauschten dem Lugwort,
Daß alles uns werde,
Wenn wir ihm dienen.
Sein Gold, es trog uns –
Die Freiheit belog uns –
Wir wurden zu Knechten!

Sonne des Glücks
Du bist versunken!
Der Nachtesschatten
Droht uns zu ermatten – –
Sonnes des Glücks
O scheine uns wieder!

Kropp's Glücksbuch 1920

Ein Neues?

Wo ist der Mann,
Der mit festem Griff
Zerreißt das zerfahr'ne Gewebe,
Der über den Weltenrand
Stößt ins ewige Nichts
Dies Truggewimmel der Zeit? –

Oder – wo ist der Meister,
Der mit liebender Hand
Sammelt die Unzahl der Trümmer,
Neu zu errichten der Menschheit Bau? –
Der mit der Wahrheit Schall
Zerbricht die Fesseln der Lüge,
Der mit Posaunen der Liebe
In den Abgrund schleudert den Haß –
Der eine neue Welt
Ruft mit dem Worte vom Anfang –
Wo ist der, der das spricht –
Ei neues – gewaltiges –
W e r d e ?

Kropp's Glücksbuch 1921

Frau Phrase

Gleich Schellengeläut
Zieht Frau Phrase durch die Welt! –
Das aalglatte Wort
In schillerndem Kleid
Beherrscht das Feld! –
Funkelt in dunklem Moor
Wie flackerndes Irrlicht –
Brau't über wogendem Meer
In fliegendem Nebelgewand,
Blendet mit kaltem Schein
Wie das Nordlicht die starrende Welt –
Zieht vorüber am suchenden Blick
Wie in heißer Wüste das Luftbild. –
Und zerfließt in der Hand,
Wie unangreifbar nächtlicher Spuk –
Klopft in wurmstichigem Holz
Wie Totenuhren* Geräusch!

Und tönt immer wieder
Auf Neue lieblich ins Ohr
Das girrend-schmeichelnde,
Heuchelnde, viel versprechende,
Nie etwas haltende,
Nichts verlangende –
Narrengeläute –
Das Niemand bindet;

* Totenuhr = ein kleiner Holzkäfer, dessen Arbeit im Holz sich durch Töne verrät, die dem Ticken einer Taschenuhr gleichen.

Nicht den, der es ruft,
Nicht den, der es hört,
Zu dem Unverstand nickt
Mit dem allweißen Haupt,
Auf daß lieblich klingen
Die funkelnden Schellen
Auf eigener Kappe! – –

Wo spricht ein laut'rer Mund? –
Wo hört ein unbestechliches Ohr? –
Nirgends ein fester Grund –
Überall schwankender Boden!
Nirgends ein festes Gebäude,
Luftschlösser nur, in deren
Trugfensterglanz sich spiegelt
Das Abendrotfunkeln
Einer versinkenden Welt! –

Kropp's Glücksbuch 1921

Das Opfer des Pythagoras!

Schon immer wars so in der Welt,
Wenn irgend etwas Neues kam,
Dann rief das Alte weise aus,
Es ist nichts dran! Es ist ein Wahn!

Der Feuerstein, der Zunder gar
Regierte manches tausend Jahr,
Und als das kleine Zündholz kam,
Da riefen sie, es ist nicht wahr,
Daß dieser kleine, weiße Wicht
Entzünden kann ein großes Licht! –
Und Brennöllicht und Talg-Wachs-Kerz,
Wie klopfte ihnen erst das Herz,
Als dann erschien Petroleum,
Das war auch wirklich gar zu dumm.
Und als das Gas trat auf den Plan,
Und noch dazu die Eisenbahn,
Da stöhnt die alte Botenfrau,
Sie wußte alles, war sehr schlau:
„Jetzt geht die ganze Welt bald unter." –
Und wieder ward ein neues Wunder:
Es fing der Mensch, fast klingts wie Witz
Mit frecher Hand und Draht den Blitz.
Es kam elektrische Beleuchtung
Und auch elektrisch ward die Heizung.
Man kocht mit Gas, man kocht elektrisch,
Spricht ohne Draht,
Wie ist das schrecklich.

Mein Eigen-Heim 1925

Erst hieß man Zeppelin verrückt,
Bis endlich ihm es ward geglückt,
Und aller Welt er konnt beweisen,
Daß durch die Luft man könne reisen. –
Da schrien alle fest Hurra,
Hoch, Vivat Hoch und Gloria! –

Längst tot sind Feuerstein und Zunder,
Zum Teufel ging der alte Plunder. –
Doch eins ist immer noch geblieben,
Wenn wo was neues wird getrieben,
Dann tuscheln schnell die alten Tanten,
Und weise nicken die Trabanten,
Sie heben warnend ihre Finger:
„Was macht ihr da, ihr dummen Dinger? –"
Und wenn sie wo was Neues wittern,
Noch immer alle Ochsen zittern.
Es war auch gar zu schrecklich das,
Das Opfer des Pythagoras.*

---

* Der Sage nach opferte der alte Weise Pythagoras, als er seinen berühmten mathematischen Lehrsatz gefunden, 1000 Ochsen. Seit der Zeit geht das Sprichwort, daß alle Ochsen zittern, wenn irgendwo etwas Neues erfunden wird.

Heimat und Heim

Heimat und Heim! -
Zwei Worte - inhaltschwer. -
Und wenn die ganze Welt
Der Menschheit Heimat wär -
So hat ein jeder Baum
Doch seinen Platz -
Für jeden Grashalm
Seine Halle. -
Für jeden Vogel
Hat sein Nest -
So möchte Jedermann
Auch seine Scholle,
Ob Dar er schreitet
In das eigne Heim!

Und scheint unendlich schwer
Wo Wille ist, ist Weg -
Und über jeden Bach
Da führt ein Steg! -
So führt Dein Wollen Dich
Ins eigne Heim -
Und dann - erst dann
Ist recht die Heimat Dein!

Und trägt die Brücke
Dich nicht über Fluß,
So ist das Schicksal
Das finden muß! -

11/6 29.   J.B.

Heimat und Heim

Heimat und Heim! –
Zwei Worte – inhaltsschwer. –
Und wenn die ganze Welt
Der Menschheit Heimat wär –
So hat ein jeder Baum
Doch seinen Platz –
Ein jeder Grashalm
Seine Stelle. –
Ein jeder Vogel
Hat sein Nest –
So möchte Jedermann
Auch seine Schwelle,
Ob der er schreitet
In das eigne Heim

Und scheints unendlich schwer –
Wo Wille ist, ist Weg –
Und über jeden Bach
Da führt ein Steg! –
Und trägt die Brücke
Dich nicht übern Fluß,
So ist's das Fährboot,
Das hinüber muß!
So führt Dein Wollen Dich
Ins eigne Heim –
Und dann – erst dann
Ist recht die Heimat Dein!

11.6.29

Des Weibes Klage

Ich klag' Euch an, die Ihr den Trank bereitet,
Der Gift enthaltend mir mein Glück geraubt. –
Ich klag' Euch an, die Ihr dies Gift verbreitet,
Das alles hat zerstört, daran ich einst geglaubt –
Ich klag' Euch an, die Ihr ihn habt verleitet
Mit Eurem Trunk in Ehren und in Zucht,
Euch alle klag' ich an, die Ihr so sicher schreitet
Und in dem mäß'gen Glas noch Freude sucht. –
Werft fort den Becher, der in unsern Landen
so viele – viele bringt in Schmach und Schanden! –
Und rührt Euch nicht, was abertausend litten –
Seid stumm und taub Ihr auf mein Schrei'n und Bitten –
Dann klag' ich weiter nicht – dann – seid verflucht!

Georg Kropp's
neuer, allgemeiner vaterländischer
Volkskalender
Der Michel

Ein Jahrbuch und Ratgeber für jede deutsche Familie in Stadt und Land

für das Jahr

1919

Druck und Verlag
Carl Rembold, Abteilung Verlag, Heilbronn a. N.

Nachdrucke auch auszugsweise nur unter voller Titel- und Quellenangabe gestattet.

Familienchronik für das Jahr 1919

Erinnerungen sind Meilensteine des Lebens, ja noch mehr, Familienerinnerungen können Wegweißer werden, die erhebend und ermunternd oder auch warnend und mahnend ihre Arme ausstrecken, um den Nachkommen den besten Weg zu zeigen.

Es gibt Familien, die führen ihren Stammbaum auf Jahrhunderte, ja solche, die ihn auf über ein Jahrtausend zurückleiten, und das jüdische Volk, in dem Familiensinn, Familienzusammenhalt und Gemeinsamkeit der Rassenbedürfnisse in vollkommenster Weise zum Ausdruck kommt, führt Jahrtausende seine Geschichte zurück. Jeder einzelne Israelit fühlt sich bewusst als Nachkomme Abrahams, des Auserwählten Gottes.

Es gibt Leute, die führen Stammbäume für Pferde und Rinder, für Hunde und anderes Getier, um durch geeignete Auswahl bewußt in den Nachkommen die guten Eigenschaften der Vorfahren zu züchten.

Die meisten Menschen wissen leider von ihren Vorfahren kaum etwas, weder was und woher Großvater und Großmutter waren. Das ist für die Entwicklung des Familiensinns, des festen Zusammenhalts im Familienleben ein Fehler. Wüßten die Nachkommen, was die persönlichen Vorfahren erlebten, würden sie die schlechten und guten Eigenschaften der Vorfahren genau kennen, sie könnten daraus Lehren ziehen; sie würden, wenn Vater oder Mutter in stillen Dämmerstunden Leiden und Freuden der Voreltern, von Großvater und Urgroßvater, von Großmutter und Urgroßmutter ihnen erzählten, dies ins kindliche Gemüt einprägen und bewußt oder unbewußt für sich und Kind und Kindeskind ihre Lehren daraus zu ziehen, sie könnten so sich und ihre Kinder veredeln. Es ist also nicht umsonst, wenn man Leute mit altem Stammbaum Edelinge, Adlige nennt. Wenn mancher Adelsstamm entartet, so kann dies oft nur der Beweis sein, daß die Nachkommen Leben und Lehren der Vorfahren in den Wind schlagen. Es kann also jeder sich und seine Familie veredeln, wenn er die Pflege einer richtigen, nicht einer nur das schöne und gute aufbewahrenden Familienchronik betreibt.

Der Michel kennt eine Familie, und er kennt sie sehr gut, da waren die beiden Großväter Trinker, der eine, Bierbrauer und Schanpsbrenner, starb im Delirium; die Großmütter waren brave, tüchtige, christliche Frauen. Sie haben Kind und Kindeskind auf das Elend ihres Familienlebens aufmerksam gemacht. Die Enkel haben erlebt, wir körperliche Krankheiten, frühes Siechtum und wie geistige Minderwärtigkeiten bei einer Anzahl der Nachkommen die Folge der Trunkenheit der Vorfahren war, sie meiden den Rauschtrank wie die Pest, sie wollen sich und ihre Nachkommen vor diesem Schaden bewahren. Das würden sie nicht, das könnten sie nicht, wenn die Familienchronik es nicht berichtet hätte.

Die bösen Engländer haben ein gutes Sprüchwort, was viele von Ihnen, wie es scheint, vergessen haben; es lautet: Drei Generationen sind nötig, um einen Edelmann hervorzubringen. Willst du lieber Michelleser helfen, daß deine Nachkommen Edelleute werden, nicht äußerlich mit dem Wörtchen „von", sondern adelig nach Herz und Sinn, in Denken und Tun, so versäume nicht, eine Familienchronik zu führen.

Benütze dazu den Michelkalender von Jahr zu Jahr. Bewahre den Kalender auf, so hast du für dich und deine Nachkommen eine Chronik über das persönliche Erleben und aus dem Weltgeschehen, über das der Michel Jahr von Jahr zu Jahr berichtet, und wenn später beim Nachkommen auch noch manches andere in alten, aufbewahrten Michelkalendern lesen, vielleicht wird auch das ihnen nützen, sicherlich aber niemals schaden können.

Die diesjährige Epistel über die Familienchronik ist lang geworden, so daß zum Schreiben nur die nächste Seite bleibt; klebe also ein oder mehrere Blatt gutes Schreibpapier an dieser Stelle in den Michel ein, und erzähle darauf deinen Kindern von dir und deinen Vorfahren, was du nur weißt. Lasse alle Schminke fort, mach's kurz und treibe keine Schönmalerei, deine Enkel werden die dankbar sein.

Der Michel

Georg Kropps neuer allgemeiner Volkskalender
"Der Michel"

Das Glückbuch

für 1921

Ein Jahrbuch u.
Ratgeber für jede
deutsche Familie

Ein Saemann ging aus zu säen. — Nachbildung gesetzlich verboten.

Verlegt und gedruckt bei **Carl Rembold** Abteilung Verlag Heilbronn a/N.

Der Ungeist

Der Ungeist ist es, der die einzelnen Menschen und die Völker in ihrer Masse beherrscht. Jener Ungeist, der nur auf die äußeren Dinge und das Fleischliche oder wie wir in unseren Tagen sagen, auf das Materielle sieht, der da meint, dass der Besitz und das Eigentum von irgend welchen Dingen, selbstverständlich in der Hauptsache von Geld und Geldeswert, es ist, der den Menschen glücklich machen könne. Ungeistig ja, völlig geistlos klügelt man aus, wie es gemacht werden könnte, dass ein jeder nun alle Tage eine volle Schüssel des Lebens ausschöpfen könne und der Ungeistige macht Gesetze, die dem Einzelnen vorschreiben, wie viel er von jeglichen Dingen haben soll oder muss, um wahrhaft glücklich zu sein. Der Ungeist sieht nicht auf das Natürliche, er sieht nicht auf jedes Blatt in der Natur, dass jeder Grashalm anders ist, sieht nicht, dass jeder Baum und jede Pflanze in anderer Weise ihre Zweige gen Himmel strecken. Der Ungeist merkt nicht, dass nicht zwei Menschen mit gleichen Gesichtern auf dieser Gotteserde umherlaufen und hört nicht, dass nicht zwei menschliche Stimmen gleich klingen, er versteht nicht, dass all diese ungeheure Mannigfaltigkeit eine wunderbar abgestimmte Harmonie in ihrer Gesamtheit bildet, dass all die verschiedenartigen Stimmen, die durch lebende Geschöpfe ertönen, eine gewaltige herrliche Melodie erklingen lassen zur Ehre dessen, der all diese mannigfaltigen Formen geschaffen und sie belebt oder beseelt hat, auf dass sie als seine Geschöpfe hier miteinander immer wieder den großen Befehl erfüllen: Freuet euch – und abermals sage ich, freuet euch!

Der Ungeist merkt nichts von dem großen Evangelium der Liebe, merkt nichts davon, dass Gott will, dass allen Menschen geholfen werde, dass alle Menschen zur Erkenntnis der Liebe –

und Lebenswahrheit kommen sollen, und darum ist auch dieser Ungeist, der die Herzen der Menschen und Völker gefangen genommen hat, der Geist der Lüge, des Widersachers, der Menschen und Völker an jener Entwicklung hindert, dazu sie eigentlich bestimmt sind.

Der Ungeist ist der Geist der Uniformierung, der Gleichmacherei, der mit scheelen, missgünstigen Augen darauf achtet, dass ja dem einen oder anderen aus der großen Gottesfülle dieser wunderherrlichen Erde nicht mehr wird als dem anderen. Der Ungeist erfüllt die Herzen jener, die breit und protzig auf weiter Scholle sitzen und den anderen nicht einmal das Nichts gönnen, das sie nicht haben. Der Ungeist ist der Geist des Geizes, der seinen Wanst nicht genügend füllen kann, der Ungeist ist die Wurzel alles Übels, alles Streites, alles Neides, alles Hasses. O, wenn die Menschen doch von diesem Ungeist lassen wollten und sich füllen ließen mit jenem wahren echten Geist brüderlicher Liebe, die neidlos dem anderen das Dasein zuspricht, die darauf Befriedigung findet, wenn der andere voll befriedigt wird. Das erst ist die Fülle der Liebe, ist wahre Liebe, ob es sich nun um jenes körperliche leibliche Lieben handelt oder um jenes gewaltige geistige Lieben, das die ganze Lebenswelt immer wieder mit ihren Strömen zu durchfluten sucht, dass die eigene Befriedigung erst dann völlig ist, wenn auch der andere in seinem Begehren völlig befriedigt wurde, wenn so die Einzelnen und die Gesamtheit ineinander aufgehen, dass sie alle eins sind. Wenn doch die Menschen erkennen wollten, dass diese Erde, dieses Offenbarungsfeld Gottes ein wunderbares Paradies ist, in dem überall Liebe walten soll, und dass es so sein könnte für alle lebende Kreatur und erst recht für den Menschen mit seiner hohen Erkenntnis, mit seinen wunderbaren Gaben, wenn all diese Gaben nicht vom Gesetz des Ungeistes beherrscht sind, sondern von jenem wahren, echten heiligen Geist des Liebens.

Schon einmal, vor nun bald 2000 Jahren, war's, da kam mit gewaltigem Wogen und Brausen über jene Schar in Jerusalem dieses wunderbare Geisteswehen, und sie vergaßen alle, dass jeder einzelne von ihnen ein „Ich" war. Sie stellten sich darauf ein, alle eins zu sein und das Reich Gottes war nahe herbeigekommen.

Und ob der Ungeist mit seiner finstern drückenden Macht die ganze Welt bedeckte, von Jahrhundert zu Jahrhundert hat jener Geist der Liebe, jener echte wahre Pfingstgeist, Millionen und Abermillionen von Herzen erobert und gestärkt und wenn der Ungeist auch gerade in unseren Tagen und in den letzten Jahren in dem gewaltigen Kriege geradezu Orgien gefeiert hat, die Menschen gegeneinander gehetzt, sie erfüllt hat mit Hass und Neid, mit Verachtung und Streit, mit Kampf und Gewalt –, dennoch, das gewaltige Brausen des Liebesgeistes hört nicht auf, immer wieder kommen Menschen, die von ihm zeugen, die rufen und mahnen.

Auch unser Werk, das Werk der Gemeinschaft der Freunde, möchte nichts anderes sein als wie ein Rufen und Mahnen zu einem großen „Dienet einander, helfet einander", damit auf dieser Erde Gottes Wille erfüllt werde, dass ein jeglicher in seinem eigenen Garten, unter seinem eigenen Obstbaum sein Eigenheim habe, dass wir einen Schritt weiter kommen zu einem Reiche auf Erden, in dem Gottes Wille, Gottes Geist, der Geist der Liebe das oberste und höchste Gesetz für alle ist.

Wer von unseren Bausparern hat dies erkannt, wer von all denen, die nach unserem Werke fragen, wird dies begreifen, wer wird in die ausgestreckte Hand einschlagen, wer wird sich freimachen von der Macht des Ungeistes, vom Geist des Habenwollens, vom „Nur-alles-für-sich-allein-und-für-zuerst Habenwollens?" – Wer wird mithelfen? – –

Mein Eigen-Heim 1925

Ein eigenes Heim

„Ein eigenes Heim!" – Welch wunderbarer Klang liegt in diesen Worten, welch Sehnen und Hoffen findet darin Ausdruck, ja – welche Gedanken an Schönheit, Lieblichkeit, Freude und tiefinnerlicher Befriedigung durchziehen die Seele, wenn wir an ein eigenes Heim denken, und zwar nicht an ein eigenes Heim im gemieteten Großstadthaus, aus dem viele wohl in absehbarer Zeit vertrieben werden, wenn die bisher gewaltsam und künstlich zurückgehaltene Teuerungswelle auch die Wohnungsmieten in die Höhe treibt – nein – ein wahrhaft eigenes Heim im eigenen Häuschen, mit Hof und Garten – das wäre das rechte, das wäre etwas, das und zufrieden machen könnte. So ein eigenes Heim, aus dem niemand uns hinauskündigen kann, durch dessen eigene Gartenbau- und Kleintierzucht-Erzeugnisse der Einzelne sich wehren kann gegen übertriebene Preisforderungen für Nahrungsmittel, ein wehrhaftiges Heim, das Sicherheit bietet gegen so manche wirtschaftliche Fährlichkeiten des Lebens, ja selbst gegen Zeiten der Arbeitslosigkeit oder der Unmöglichkeit, Geld zum Lebensunterhalt zu verdienen – das wäre ein unbezahlbarer Juwel, ein kostbares Kleinod, hinter dem sich alle Großstadtluft, alle Wirtshaus- und Kinolauferei der einfach gestimmteren Leute, ja auch aller ästhetisierende, noch so glänzende, phrasenhafte Krimskram der sogenannten Hochgebildeten unserer Großstädte – von vielen hochtönend Kunst genannt – verstecken müßte.

So ein eigenes Heim – und wer trüge nicht im Innersten seines Herzens das unstillbare Verlangen nach einem solchen – das wäre eine unvergleichliche Herrlichkeit, denn es läge ja nur am Einzelnen, daß er mit den Seinen es ausfüllt mit einem Leben von Freude und Glückseligkeit.

Was würden nicht alle jene, die heute eine Wohnung suchen, die sich mit Angehörigen und Freunden zusammendrängen, oder die die Freundlichkeit und das Geduldetsein durch Freunde in Anspruch nehmen müssen, um nur Schlafzimmer und Küche, vielleicht auch noch ein Gelaß mehr zu haben – was würden nicht alle solche darum geben, hätten sie nur eine wirklich ihnen allein zur Verfügung stehende Mietwohnung. – Und nun male ich den Lesern der Glücksbuches ein Glück vor im eigenen Heim, mit Hof und Garten, mit Geflügel- und Kaninchen- oder gar Schweine- und Ziegenstall, ein Heim, in dem jeder seinen Bedarf an Obst und Gemüse selber baut, in dem er nach vollbrachter Berufstagesarbeit, seiner Familie, seinen Liebhabereien, dem Gartenbau und der Blumenzucht, oder wenn er nicht Vegetarier ist, seiner Kleintierzucht lebt, um seinen sparsamen Fleisch- und Eierverbrauch, vielleicht sogar seinen Milchbedarf selber erzeugen.

Das ist garstig vom Glücksbuchschreiber, von solchen Dingen seinen Lesern zu erzählen, die unerreichbare Luftschlösser sind – –. Aber nun frage ich Dich, lieber Leser, hättest Du Sehnsucht nach einem solchen Heim, in dem Du selbst Herr bist, aus dem Dich Niemand bis an Deines Lebens Ende vertreiben kann, in dem Du keine Mietsteigerung erlebst, in dessen Garten Du Deine eigenen Erdbeeren, Johannis- und Stachelbeeren pflücken oder Gurken, Tomaten, Frühkartoffeln und andere schöne, heute ach so unerschwinglich teure Sachen ernten kannst, auf dessen Vorbau du mit Deiner lieben Frau und Deinen Kindern den schönen Sommerabend verlebst – in dessen Hauptwohnraum Du Sonntags nachmittags mit den Deinen so recht ungestört in feiner Familienharmonie einen duftenden Mokka schlürfst oder – – – ?? –

Hör' auf, hör' auf – Du närrischer Glücksbuchschreiber – das sind ja Märchen. – So etwas haben wir einmal als Kinder hie und das geschaut, haben sehnsuchtsvoll über einen Gartenzaun unsere Augen schweifen lassen, in dem sich so ein stilles Glück im Winkel abspielte. Unser kalten, öden Großstadt-Kasernenbauten habe solche Glücksgefühle in uns ersterben lassen, unsere geisttötende Maschinen-Gelderwerbstätigkeit hat alles ertötet, wir sind nur zum Geldmachen und Geldverdienen für andere Leute da – uns bleibt garnichts anderes übrig, als im Kino, im Wirtshaus, im Kaffee, im Tingeltangel unser Leben zu erleben – ab und zu dürfen wir einmal mit Wimmerholz und Laute, oder mit dem Rucksack als imitierte Wandervögel die freie Natur genießen, oder dürfen uns beim Fußball, damit andere Leute unsere Kraft und Geschicklichkeit sehen, die Schienbeine zerschlagen. Aber ein eigenes Heim, um das am Ende gar des Morgens in der Frühe die Amsel schlägt und Buchfinken pfeifen, in dessen Garten die Meisen sich im Winter mit ihrem lustigen Spiel ein Stelldichein geben, nachdem wir ihnen eine Speckschwarte hingehängt haben, von dem Speck, den wir selbst nicht haben, der in der Räucherkammer „Das-gibts-nicht-mehr" geräuchert ist – ein solches eigenes Heim im Glücksbuch auszumalen – das ist einfach Hohn, das ist in unserer Zeit beinahe eine Gemeinheit. Nein – nein, wir dürfen an solch' Heim nicht denken, wir haben keinen eigenen Grund und Boden, wir Glücksbuchleser haben größtenteils weder Acker noch Halm, wir sind bodenlose Leute im vollsten Sinne des Wortes, und da ist's geradezu eine bodenlose Gemeinheit, uns mit solchen Eigenheim-Bildern den Mund wässrig oder die Augen übergehen zu machen, denn es ist wahrhaft zum Heulen, daß die meisten Deutschen kein eigenes Heim haben! –

Ja, es ist zum Heulen, daß es so ist. – Du hast ganz recht, lieber Leser – aber – nur langsam, nur nicht gescholten, denn es ist kein Hohn, keine Phantasterei, keine Spiegelfechterei, wenn ich die Herrlichkeiten eines solchen eigenen Heims Dir vormale; ich möchte Dir nur sagen, daß es auch für Dich keine Unmöglichkeit ist, auch in unserer Zeit, so ein eigenes Heim sich zu schaffen, zu erwerben, ja mit wenig Geld das Recht zu erwerben, solch eigenes Heim auf Lebenszeit zu bewohnen, darin als eigener Herr zu schalten und zu walten, darin eine Freiheit und Unabhängigkeit zu erlangen, wie sie keine Partei, kein Staat und kein staatliches Unternehmen Dir sonst auf irgend eine Weise auch nur im Entferntesten gewähren kann – wenn Du nur willst! –

Ja – da stutzt Du, das ist etwas viel versprochen, denkst Du in Deinem Sinn – und legst doch im Stillen den Finger an die Nase und denkst, „wie sollte das möglich sein?" – So sagte auch Sarah, als ihr der Sohn Isaac verheißen wurde, und sie bekam ihn doch, obwohl sie, wie es in der Heiligen Schrift heißt, erstorbenen Leibes war. Und so ist's auch möglich, daß Du ein eigenes Heim bekommst, nicht nur trotz der unglückseligen Verhältnisse in unserem Vaterlande, sondern gerade weil sie so hundsmiserabel schlecht geworden sind, weil unser ganzes modernes Großstadtkulturleben mit all seinen ungesunden Auswüchsen, mit seinem Glanz und seinem Hunger, mitsamt dem entarteten Industriedasein, einen solchen Stoß bekommen hat, daß es nicht nur in allen Fugen kracht, sondern daß es unaufhaltsam zusammenbricht. Meinst Du denn, daß es unsere ehemaligen Widersacher erlauben werden, daß unsere glanzvolle Industrie noch einmal zur alten Blüte gelangt. Das sind vergangene Zeiten. Jetzt heißt's: ein Neues bauen und zwar ein Neues, in dem der Einzelne mehr zu seinem Recht, zu seinem Lebensrecht kommt, als es in dem verfallenden und verfallenen alten Haus geschehen konnte.

Nein, nein, wir wollen in einem Neubau nicht zur Schmarotzer werden, nicht nur aus der Staatskrippe fressen und aus einer großen allgemeinen Küche uns wie Herdentiere oder Sklaven abspeisen lassen; wir wollen einmal wieder versuchen, Menschen zu sein, Menschen die in ihrer Familie auf eigenem Grund und Boden sitzend, jeder in ihrer Art sich ihr Glück bauen.

Zu dem Zweck hat sich eine eigenartige Gemeinschaft gebildet, eine „Gemeinschaft der Freunde", die ihren Anhängern auf Grund neuer Rechtsformen nicht nur dazu verhelfen will, sich auf billigerem Wege mit Kleidern und Hausrat (Möbel) zu versehen, sondern deren Hauptziel es ist, für jeden der ihr Angeschlossenen ein eigenes Heim zu schaffen, ein Häuschen mit Garten und Acker, oder in Großstädten eine Wohnung in der Gemeinschaft gehörigen Gemeinschaftshäusern, also eigene Heime, in Groß- und Kleinstädten und auf dem Lande, in deren lebenslängliches, vererbbares Nutzungsrecht durch eine verhältnismäßig kleine Summe, die sogar allmählich abgezahlt werden kann, man sich einkauft, für deren Benutzung man eine stets gleichbleibende oder im Alter, wenn Arbeitskraft und Verdienstmöglichkeit nachlassen, sogar geringere Pacht und Miete zahlt.

Diese „Gemeinschaft der Freunde" wird eine rein gemeinnützige Gesellschaft sein, nicht nur um für ihre Begründer, Arbeitsausschüsse und Aufsichtsräte persönliche Kapitalbildungsmöglichkeiten zu schaffen, sondern um allen jenen, die sich ihr anschließen, es möglich zu machen, die Nöte unserer Zeit leichter zu überwinden, um vor allen Dingen deutschen Familien wieder wahrhaft eigene Heime, den Kindern dieser Familien ein Vaterhaus zu schaffen, mit dem sie verwachsen, aus dem sie Niemand vertreiben kann, sodaß die Worte Vaterhaus, Vaterland, Heimat, die heute für die große Masse unseres Volkes zu wesenlosem Schall geworden sind, wieder Fleisch und Blut, Kraft und Leben erhalten.

Möchtest Du Deinen Kindern ein Vaterhaus, möchtest Du Dir selbst ein Eigenheim schaffen, von dem Dir in diesem Glücksbuch erzählt wird, so lies einmal die Schrift „Aus Armut zum Wohlstand", Verlag Karl Rembold, Heilbronn a. N., damit Du kennen lernst, aus welchem Geist heraus diese „Gemeinschaft der Freunde" gebildet wurde, damit Du selbst Dich in diese Gedankenwelt einlebst. Das Buch ist in allen Buchhandlungen zu haben (es kostet Mk. 4.50). Außerdem lasse Dir von der Gemeinschaft der Freunde, Geschäftsstelle Heilbronn a. N. einmal gegen Einsendung von Mk. 1.- in Marken deren „Grundlegende Nachrichten über die Gemeinschaft der Freunde" kommen, damit Du weißt, unter welchen Bedingungen Du Dich dieser Gemeinschaft anschließen und der von ihr gebotenen Vorteile teilhaftig werden kannst.

Je mehr sich ihr anschließen, desto schneller wird das Wirklichkeit, was sie erstrebt, desto größer sind ihre Mittel, desto mehr wächst ihr Einfluß. Und wenn Du dann in wenigen Jahren selbst in einem Eigenheim der Gemeinschaft wohnst, dann wird – wenn Du es recht verstehst, das Glück beim Schopf zu fassen, dies Jahrbuch ein wahrhaftes Glücksbuch für Dich geworden sein.

Aus Kropp's Glücksbuch 1921

KROPP
Wüstenrot

Wüstenrot, den 9. Juni 1938

Warum ist Wüstenrot Luftkurort?

Ich wohne in Wüstenrot seit 1920. Seit dieser Zeit ist nicht selten obige Frage an mich gerichtet worden, sowie auch vom Zufug, ob denn die Luft in Wüstenrot tatsächlich besser sei wie in andern Orten des Mainhardter Waldes. Nach meiner innersten Überzeugung kann ich dies nur mit "Ja" beantworten und zwar aus folgenden jedermann einleuchtenden Gründen:

Wüstenrot liegt unmittelbar am Rand eines Hochplateaus von etwa 60–70 ☐ Km Fläche. Rings herum endigen auf diese Hochplateau rund 12 zum Teil tiefeinschneidende Täler. Diese führen aus der Ferne die Luft herauf. In diesen Waldtälern filtriert und ozonisiert sich die Luft und strömt auf das genannte Hochplateau zusammen. Von diesen Tälern nenne ich nur das Saimbachtal, das Tal von Löwenstein, Neulautern, Fischbachtal und das zwischen dem Löwensteiner und Neulauterer Tal heraufführende Klingenbachtal, deren Wind in das unmittelbar aufsitzende sogenannte "Kalte Täle" in Wüstenrot einmünden. Dies letztere ist der beste Beweis für obige Theorie, denn in ihm ist die Luft stets 2–3° kälter als vielleicht 100 m zu beiden Seiten. Außerdem ist dort eine laufe stets immer nach dem Hochplateau strebende Luftströmung, die nicht selten zu einem je nach Jahreszeit wahrzunehmenden kalten Zug wird. Steigt sich man aus dem Neulauterer Tal zu vorgeschrittener Jahreszeit die Nebel — also die

Warum ist Wüstenrot Luftkurort?

Ich wohne in Wüstenrot seit 1920. Seit dieser Zeit ist nicht selten obige Frage an mich gerichtet worden, häufig mit dem Zusatz, ob denn die Luft in Wüstenrot tatsächlich besser sei wie in anderen Orten des Mainhardter Waldes. Nach meiner innersten Überzeugung kann ich dies nur mit „Ja" beantworten und zwar aus folgenden Jedermann einleuchtenden Gründen:
Wüstenrot liegt unmittelbar am Rand eines Hochplateaus von etwa 60 - 70 qkm Fläche. Rings herum endigen auf dieses Hochplateau rund 12 zum Teil tief einschneidende Täler, diese führen aus der Ebene die Luft herauf. In diese Waldtälern filtriert und ozonisiert sich die Luft und strömt auf oben genanntem Hochplateau zusammen. Von diesen Tälern nenne ich nur das Heimbachtal, das Tal von Löwenstein, Neulautern, Fischbachtal und das zwischen dem Löwensteiner und Neulauterer Tal heraufführende Stangenbachtal, dessen Winde in das unmittelbar anschließende sogenannte „Kalte Täle" in Wüstenrot einmünden. Dies letztere ist der beste Beweis für obige Theorie, denn in ihm ist die Luft stets 2 - 3 Grad kälter als vielleicht 100 Meter zu beiden Seiten. Andauernd ist dort eine leise fast immer nach dem Hochplateau strebende Luftströmung, die nicht selten zu einem je nach Jahreszeit unangenehmen kalten Zug wird. Ebenso sieht man aus dem Neulauterer Tal zu entsprechender Jahreszeit den Nebel und also die ...

herausziehende Luft nach dem genannten Hochstand
ziehen, wo sich die Luftströmungen mit den
übrigen aufsteigenden Strömen mischen. Es
ist in Nußenrod seit etwas frischere, kühlere Luft
wie in dem benachbarten Neuhütten, was dadurch
bewiesen wird, daß in Neuhütten im Aufsatz der
Pflanzenwuchs frühzeitiger ist als in Nußenrod.
Seit rund 50 Jahren wird nachweisbar Nußenrod Luftkurort bezeichnet, was aus einer Reihe Bilder
der Pension Rettig, zum Teil aus dem Jahre 1888
stammend, einwandfrei bewiesen wird. Für die
Beischrift der Bilder kann Herr Oberschreinermstr. Rettig
in Kreuzwertheim jederzeit mit seinem Zeugnis
eintreten.
Vorstehendes Urteil über die Verhältnisse gebe ich
nach 18 jährigem Aufenthalt in Nußenrod nach
bestem Wissen und Gewissen ab.
Georg Vogg

... heraufsteigende Luft nach dem genannten Hochplateau ziehen, wo sich die Luftströmungen aus den übrigen ringsum auftstrebenden Tälern mischen. So ist in Wüstenrot stets etwas frischere, kühlere Luft wie in dem benachbarten Neuhütten, was dadurch bewiesen wird, daß in Neuhütten im Frühjahr der Pflanzenwuchs frühzeitiger ist als in Wüstenrot.

Seit rund 50 Jahren wird nachweisbar Wüstenrot als Lufkurort bezeichnet, was aus einer Reihe Bilder der Pension Rettich, zum Teil aus dem Jahr 1888 stammend, einwandfrei bewiesen wird. Für die Echtheit der Bilder kann Herr Oberrechnungsrat Rettich in Brackenheim jederzeit mit seinem Zeugnis eintreten.

Vorstehendes Urteil über die Verhältnisse gebe ich nach 18jährigem Aufenthalt in Wüstenrot nach bestem Wissen und Gewissen ab.

Georg Kropp!

Georg Kropp

Begründer des deutschen Bausparwesens
1865-1943

von Eberhard Langer

Weit und breit gilt das Bausparen als eine urschwäbische Erfindung. So mag es zunächst manchen überraschen, daß der Gründer der ersten deutschen Bausparkasse, Georg Kropp, ein Mann aus Pommern war. Indessen: gerade an seinem Beispiel lässt sich zeigen, wie sehr ein Mensch, der etwas bewegen will, ein Umfeld braucht, in dem seine Ideen wirksam werden können. Georg Kropp fand es in Württemberg, und wenn man bedenkt, daß hier mit dem Drang zum „Häusle" eine arteigene Sparsamkeit einhergeht, dann darf man wohl die Behauptung wagen, daß nirgends sonst in deutschen Landen ein so gedeihliches Klima für den Gedanken des Bausparens gegeben war wie in Schwaben.

Georg Kropp ist als Dreißigjähriger nach Süddeutschland gekommen, nach Mannheim zuerst. Ein bewegter beruflicher Werdegang und eine an Enttäuschungen reiche Jugend lagen hinter ihm. Er war am 1. Dezember 1865 in der kleinen pommerschen Hafenstadt Swinemünde auf der Insel Usedom als fünftes Kind seiner Eltern geboren. Sein Vater war Segelschiffkapitän gewesen, der mit einer eigenen Dreimastbark Ost- und Nordsee befuhr. Frühe Kindheitserinnerungen verbinden sich mit unvergesslichen Fahrten auf des Vaters Schiff nach Südengland, Skandinavien und den baltischen Häfen. Für immer bleiben ihm das „In-die-Weite-denken-können", die Entdeckungsfreude und die Wanderlust als Mitgift einer Jugend, die vom Missgeschick des Vaters bestimmt war. Denn die Bark, Existenzgrundlage der Familie, war eines Tages in einem Sturm im Kattegat gestrandet; zudem hatte man in Swinemünde dem Kapitän Kropp eine Dampfschiffwerft gerade vor die Nase gebaut. Die Zeit der alten stolzen Segler war abgelaufen. Im Elternhaus des jungen Kropp zog die Sorge ein.

An diesem Wendepunkt seines Lebens tat der gestrandete Kapitän etwas Merkwürdiges: Er beschloss, den Lehren des Theophrastus Paracelsus nachzueifern, die ihn schon immer fasziniert hatten und dessen Bücher ihn auch auf seinen Seereisen begleiteten. Gleich ihm wollte er nach neuen Heilmitteln und Heilwegen suchen, Heilkräuter sammeln und als einer seiner späten Jünger eine Medizin verkünden, in der natürliche Vorgänge auf chemischem Wege geregelt werden. Eine Drogerie schien ihm dazu die geeignetste Einrichtung zu sein.

Der Entschluss des Vaters bestimmte und überschattete auch das weitere Schicksal des jungen Kropp, der als ungemein wissbegieriger und erfolgreicher Schüler die Bürgerschule seiner Heimatstadt absolviert hatte, mit 16 Jahren konfirmiert wurde und nunmehr vor der Berufswahl stand. Für sein Leben gern wäre er Lehrer geworden, doch der Vater verlangte, daß er in sein Geschäft eintrat, Drogist wurde. Widerstrebend fügte er sich. Es halbes Jahr war er Lehrling in der väterlichen Drogerie, dann ging er nach Stettin, um dort seine Lehre abzuschließen. Doch noch konnte er sich nicht damit abfinden, sein Leben hinter dem Ladentisch zu verbringen. Er fasste den Gedanken, Missionar zu werden, vor allem wohl angeregt durch Bücher, bestärkt aber auch durch seine religiösen Überzeugungen und das Erkennen der eigenen Fähigkeiten. Erneut versuchte er, seinen Eltern begreiflich zu machen, daß sie ihm nicht im Wege stehen dürften, doch wiederum umsonst. Der Vater verlangte Gehorsam.

Der Verzicht auf den Beruf, den er sich ersehnte und für den er, wie er glaubte, viele Gaben und Voraussetzungen mitbrachte, muß ihm bitter schwer gefallen sein. Noch viele Jahre später erinnerte er sich, wie hart ihn des Vaters Ablehnung traf und wie er, verzweifelt und trotzig zugleich, sich mühte, seiner Enttäuschung Herr zu werden. „Eltern sollten stets bedenken, daß sie Bäume sind, die als Äste die Kinder tragen müssen, daß aber die Kinder, die Äste des Baumstammes Elternhaus, aus diesem herauswachsen und ihre eigene Art entwickeln müssen."

Immerhin hatte der Vater den Ehrgeiz, aus seinem Sohn einen über den Durchschnitt tüchtigen Drogisten zu machen. Nach dem Abschluss der Stettiner Lehre und einigen Monaten als Gehilfe in Elberfeld schickte er ihn im Oktober 1887 für ein Jahr auf die Drogisten-Akademie in Braunschweig, eine vom Staat und vom Deutschen Drogisten-Verband geförderte höhere Lehranstalt. Am Ende des zweisemestrigen Kurses wurde dem Absolventen bescheinigt, „daß derselbe auf Grund einer mündlichen und schriftlichen, unter strengster Überwachung stattgefundenen Prüfung die Drogisten-Akademie Braunschweig mit ‚ganz ausgezeichnetem Erfolg' durchgemacht hat". Es war das beste Abschlusszeugnis, das die Anstalt bis dahin vergeben hatte.

Dieser Erfolg kam nicht von ungefähr und spiegelte nicht nur den zähen Ehrgeiz, den Fleiß und die Willenskraft des jungen Mannes wider, sondern gewiss auch seine Neigungen und Talente. Was ihn an dem aufgezwungenen Beruf gleichwohl faszinierte war die Vielseitigkeit, die Entfaltungsmöglichkeit, die er ihm bot, vor allem aber die Beschäftigung mit den Naturwissenschaften, namentlich mit Biologie und Botanik. Kropp war, wie sein Vater, zeitlebens ein Naturfreund vor dem Herrn, ein einfühlsamer Beobachter und wissensdurstiger Geist, und es dürfte kein Zufall gewesen sein, daß es ihn zwei Jahrzehnte später ausgerechnet in das kleine Dorf Wüstenrot im Schwäbischen Wald zog, wo die Natur noch nicht aus allen Fugen geraten war.

Doch zunächst musste er nach Swinemünde zurück in die väterliche Drogerie. Gern wäre er für ein paar Jahre ins Ausland gegangen, um seine Ausbildung zu vervollkommnen, aber da es um die Gesundheit des Vaters ebensowenig gut stand wie um das

Geschäft, mußte er auch diesen Plan aufgeben. Sein Platz war jetzt hinter dem Ladentisch.

Im Jahre 1893 heiratete er seine Base Marie Wulff, die Tochter des Marineoberzahlmeisters Wulff in Kiel, dessen Frau die jüngste Schwester von Kropps Mutter war. Die wirtschaftliche Situation der jungen Familie, die vom Geschäftsgang der Drogerie abhing, war beklagenswert schlecht. Kropp mühte sich krampfhaft, das drohende Unheil abzuwenden, doch auch das Vermögen seiner jungen Frau, das bereitwillig geopfert wurde, konnte den Niedergang nicht aufhalten. Der Zusammenbruch des Geschäfts folgte dem Tode des Vaters 1895 auf dem Fuße, beschleunigt noch durch die Weigerung von Mutter und Schwestern, das am Marktplatz gelegene Haus zu verkaufen.

Kropp sah in seiner Heimatstadt keine Existenzmöglichkeit mehr. Er wandte sich nach Mannheim und eröffnete dort eine Drogerie, die er durch eine kleine pharmazeutische Produktion erweiterte. An Ideen fehlte es ihm nicht. Eine stattliche Reihe von Präparaten eigener Machart trugen seinen Namen. Der Besuch von Chemie- und Physikvorlesungen in der benachbarten Universität Heidelberg regte zu weiteren pharmazeutischen Kreationen an. Doch der erhoffte wirtschaftliche Erfolg blieb abermals aus. Dem kleinen Unternehmen fehlte es an Kapital, um Produktion und Werbung im notwendigen Umfang betreiben zu können. Kropp entschloss sich zur Aufgabe der Fabrikation, geriet aber unglücklicherweise an einen Käufer, der mit der Hälfte der vereinbarten Zahlungen im Rückstand blieb. So musste sich Kropp erneut nach einer anderen Beschäftigung umsehen; er wurde Vertreter eines großen Hamburger Pharmazie-Unternehmens. Zwar hatte er jetzt die Möglichkeit, seiner Reiselust frönen zu können, doch war die Familie durch die Geburt von drei Kindern inzwischen beträchtlich angewachsen und Kropps

Freude an seiner neuen Tätigkeit hielt sich in Grenzen. Jedenfalls war er nicht unglücklich darüber, daß ihm wenig später von der Pfälzischen Verlagsanstalt in Neustadt a. H. angeboten wurde, als „Werbebeamter" dort Reklameschriften für Apotheken und Drogerien herauszugeben.

Der Entschluss, diese Aufgabe zu übernehmen, war von entscheidender Bedeutung für Kropps weiteren beruflichen Weg. Er erkannte, daß seine eigentlichen Fähigkeiten im werbepublizistischen, vielleicht sogar im schriftstellerischen Bereich lagen. Schon während seiner Zeit als kleiner Unternehmer hatte er mit Geschick und einigem Erfolg seine Werbeschriften selbst entworfen. Sein treffendes Darstellungsvermögen, sein Talent, Werbebotschaften einfühlsam und wirkungsvoll abzufassen sowie eine phantasievolle, hurtige Feder kamen ihm zustatten; an Selbstbewusstsein und Überzeugungskraft fehlte es ihm ohnedies nicht. Jetzt endlich, dessen war er sicher, hatte er das Feld gefunden, auf dem er etwas leisten konnte. Er hatte Erfolg, verbesserte sich rasch und übernahm kurze Zeit später die Redaktion einer Fachzeitschrift in Ludwigshafen. Ein von ihm verfasstes „Merkbuch für die junge Mutter", das als Werbeschrift vertrieben wurde, brachte es auf die stattliche Auflage von 700.000 Exemplaren.

Als der Weltkrieg ausbrach – er zählte damals 49 Jahre – begann er eine „Kriegschronik" herauszugeben, die in vielen Zeitungen nachgedruckt wurde. Es handelte sich um eine, wie es auf dem Titelblatt hieß, „volkstümliche, reich illustrierte Geschichte des gewaltigen Völkerzusammenstoßes des 20. Jahrhunderts, mit vielen Einzelerzählungen aus den Schlachten und Berichten nach Feldpostbriefen und persönlichen Mitteilungen, auch enthaltend eine Sammlung vaterländischer Gedichte aus dieser hohen Zeit des deutschen Volkes". Seine eigenen Beiträge hielten sich in engen Grenzen; die Auswahl der nachgedruckten Aufsätze mit ihrem donnernden Patriotismus wirkt freilich auf den kritischen Leser von heute bedrückend.

Mit dem Ende des Krieges kam auch das Ende der „Kriegs-Chronik". Kropp selbst, der nie den Soldatenrock getragen hatte, war gleichwohl von der Kriegsnot nicht verschont geblieben. Binnen 35 Tagen waren ihm seine Frau und die älteste Tochter gestorben – an Unterernährung und mangelnder körperlicher Widerstandskraft, wie so viele Menschen in jenen Hungerjahren. Der Zwang der Not, wohl aber auch sein Ehrgeiz und die Überzeugung, sein eigentliches Lebenswerk noch vor sich zu haben, halfen ihm, mit diesem Schicksalsschlag fertigzuwerden. Eine neue Idee bewegte ihn: Er wollte einen Volkskalender herausbringen, in dem er seine Vorstellungen vom Leben und einer besseren Welt darlegen und einem breiten Publikum vermitteln konnte. Und so erschien noch 1918 in Heilbronn, wo er einen Verleger gefunden hatte, zum ersten Mal „Georg Kropps neuer allgemeiner Volkskalender – Der Michel", der seinen Namen während der folgenden Jahre über das schwäbische Unterland hinaus bekannt machte.

In der Tat ist dieser Volkskalender – „Ein Jahrbuch und Ratgeber für jede deutsche Familie", wie es im Untertitel heißt – ein Sprachrohr der Gedanken und Überzeugungen, die ihn immer stärker bewegen. Da will ganz offensichtlich ein Mann seine Ideen unter die Leute bringen, will sie dafür gewinnen, will ein bisschen die Welt verbessern. Kein Zufall, daß er den „Michel-Kalender" später in „Glücksbuch" umtauft. Der Kalendermacher Kropp ist sich allen Ernstes gewiss, nicht nur Spruchweisheiten, sondern auch handfeste Rezepte zum Glücklichwerden anbieten zu können. Wir finden darin die ersten deutlichen Hinweise auf sein späteres Lebenswerk, auf seinen großen Plan, eine „Gemeinschaft der Freunde" zu gründen, die den Menschen helfen soll, zu Eigentum an Haus und Boden zu kommen. Kropp, dem man, etwa nach der Lektüre seiner „Kriegschronik", eher kleinbürgerlichen Hurrapatriotismus unterstellen möchte, erweist sich als durchaus kritischer Beobachter seiner Landsleute, wenn er ihnen 1919 im „Michel" vorwirft: „Das deutsche Wesen von ehedem aber litt an einem großen Kardinalfehler, es litt an der Bevormundung und an übergroßer Fürsorge an allen Ecken und Enden. Es ist lange her, daß die Erziehung darauf ausging, freie, selbstständig denkende und selbstständig handelnde Menschen zu schaffen ... Jene Erziehung, die alles nur auf den blinden Gehorsam, auf den ,Befehl' einstellte, hat sich bitter gerächt." Nach Kropps Meinung führt nur ein Weg heraus aus diesem Übel: Die Menschen müssen sich aus der Bevormundung des Staates lösen, müssen sich auf ihre Kraft und ihre Fähigkeit zur Selbsthilfe besinnen, vor allem dort, wo es am notwendigsten ist und am besten gelingen kann, bei der Schaffung eines eigenen Heimes auf eigenem Boden.

Kropps Interesse für die sozialpolitische Seite des Wohnungsbaues reicht weit zurück. Noch in seiner alten pommerischen Heimat hatte er die „Deutsche Warte", in der die Probleme einer Bodenreform diskutiert wurden, gelesen. Er stand etwa in seinem 30. Lebensjahr dem „Bund deutscher Bodenreformer" um Adolf Damaschke nahe, der anstelle der von den älteren Bodenreformern verlangten Bodenverstaatlichung ein auf breiteste Volksschichten ausgedehntes Privateigentum am Boden forderte.

Auch in der Gartenstadtbewegung erkannte Kropp Ideen, die seinen eigenen Ansichten ähnelten. Die Gartenstadt wollte eine Alternative zur Großstadt mit ihrer sozial ungesunden Menschen- und Industrieanhäufung sein. Durch eine Dezentralisierung der Produktionsbetriebe sollte sie ihren Bewohnern sichern wirtschaftlichen Rückhalt bieten und ihnen zugleich naturnahes, bodenverbundenes Wohnen in „Gartenstadtheimen" ermöglichen. Kropp, der einige Jahre in Mannheim wohnte, konnte aus nächster Nähe das Entstehen der Gartenstadt Waldhof verfolgen. Allerdings hielt er kritische Distanz zu ihren Wortführern, weil die Verwirklichung der Gartenstädte gemeinnützigen Gesellschaften übertragen wurde und die einzelnen Gartenstadtmitglieder selbst kein Eigentum an Grund und Boden erwerben konnten – sie blieben Mieter. Kropp war das zu wenig. „Wir müssen heraus aus der vernichtenden Atmosphäre der Großstadt, müssen den einzelnen frei machen aus sklavischen Mietverhältnissen, müssen dem einzelnen dazu verhelfen, daß er ein Stück eigenen Boden unter den Füßen und ein Dach über dem Haupt hat."

Wenn man die Ideen und Bestrebungen der Bodenreformer und der Gartenstadtbewegung etwas weiterspinnt, wird man es nicht als sonderlich skurril empfinden, daß bei Kropp noch eine andere, weltanschaulich motivierte Betätigung eine wichtige Rolle für sein späteres Lebenswerk spielte: Die Abstinenzler-Bewegung. Für ihn fügten sich den Gedanken über das eigene Heim auf eigenem Boden die Forderungen nach einer gesunden, natürlichen Lebensweise nahtlos an. Es geht ihm nicht allein um die „rechte Verwendung" des den Menschen anvertrauten Bodens, wenn er gegen den Anbau von Gerste, Hopfen und Trauben für die „Rauschtrankerzeugung" wettert, sondern vor allem um die sozialen Folgen des Alkoholismus, um das Elend, das die Trunksucht für die betroffenen Menschen und Familien mit sich bringt. Und wiederum erscheint ihm das eigene Heim als *der* Schlüssel zur Lösung des Problems. Wenn die Menschen ein Sparziel vor Augen haben, wenn sie ihr Geld nicht ins Wirtshaus tragen und statt dessen ihre Freizeit im Garten verbringen, vielleicht gar noch ein wenig Obst und Gemüse anbauen, dann, so argumentiert er, werden die Familien sozial stabiler, wirtschaftlich stärker und der

Staat von einem ungeheuren Ballast unproduktiver Kostgänger befreit.

Kropp war schon im Jahre 1900 Mitglied des „Deutschen Vereins gegen Missbrauch geistiger Getränke" geworden, später trat er dem „Deutschen Guttempler-Orden" bei und wirkte dort im Heidelberger Raum als einer seiner aktivsten Angehörigen in der Trinkerfürsorge. Auf einer Großlogensitzung des Ordens stellte er 1912 den Antrag, ein Zwecksparsystem einzurichten, mit dessen Hilfe den Ordensmitgliedern der Bau eines Eigenheims oder der Anspruch auf einen Platz in einem Altenheim ermöglicht werden sollte. Zwar wurde damals der Antrag abgelehnt, doch der ihm mit sanftem Spott angehängte Beiname: „Bruder Kropp mit dem Eigenheim in der Tasche" erwies sich später als förderlich: Viele Mitglieder der späteren „Gemeinschaft der Freunde", aus der die deutsche Bausparbewegung hervorging, waren Anhänger der Abstinenzler-Bewegung.

In der Rückschau auf diese Jahre ist jedenfalls festzuhalten, daß Georg Kropp kein völlig Unbekannter war, als er sein eigentliches Lebenswerk in die Tat umzusetzen begann, und daß ihn der Gedanke des Eigenheimsparens schon ein gutes Jahrzehnt umgetrieben hatte, ehe er den entscheidenden Vorstoß wagte. Er hatte im Dezember 1919 in dem abgelegenen Dorf Wüstenrot bei Heilbronn ein kleines Häuschen gekauft, das er, inzwischen wieder verheiratet (mit Pauline Burk aus Hessigheim), als einen festen Hort in unsicherer Zeit empfand. Ein paar Äcker gehörten dazu samt Federvieh; die Familie mußte nicht mehr hungern. Daneben arbeitete er bei dem Heilbronner Verlag und schrieb eifrig Artikel, Sinnsprüche und Gedichte für seinen Volkskalender, für sein „Glücksbuch", so als könnten seine Leser das Glück erlangen, wenn sie nur seinem Rat folgten: Er predigt Zufriedenheit, Bescheidenheit, Liebe zur Natur und Mäßigkeit, mahnt und warnt, gibt handfeste Empfehlungen, die immer wieder in die beschwörende Aufforderung einmünden, sich ein eigenes Heim zu schaffen. „Denn es ist wahrhaft zum Heulen, daß die meisten Deutschen kein eigenes Heim haben: ...Du hast ganz Recht, lieber Leser – aber – nur langsam, nur nicht gescholten, denn es ist kein Hohn, keine Phantasterei, wenn ich die Herrlichkeiten eines solchen eigenen Heims dir vormale. Ich möchte dir nur sagen, daß es auch für dich keine Unmöglichkeit ist, auch in unserer Zeit, so ein eigenes Heim sich zu schaffen, zu erwerben ..." Und er sagt auch, wie dies zu bewerkstelligen sei: nämlich gemeinsam, im Wege der Hilfe zur Selbsthilfe, durch eine „Gemeinschaft der Freunde".

Im Schlußkapitel des Büchlein „Aus Armut zum Wohlstand", das in seiner ersten Auflage 1920 erscheint, heißt es: „Die Gemeinschaft der Freunde will eine unter neuen Rechtsformen sich bildende gemeinnützige Vereinigung sein, die über allen politischen Parteien, über allen konfessionellen oder Glaubensspaltungen stehend, allen, die sich in mehr oder minder fester Form anschließen, helfen möchte, die schweren Zeitnöte zu überwinden. Als größtes und Hauptziel möchte sie sich setzen, ihren Gliedern in städtischen Gemeinschaftshäusern Wohnungen oder in städtischen, gartenstädtischen oder ländlichen Siedlungen Häuser, möglichst mit Gärten und Äckern zu verschaffen, entweder als freie Eigenheime oder in Form von Heimstätten aufgrund des Reichsheimstättengesetzes ... Irgendwelche Verteilung von Gewinnen an Einzelmitglieder wird satzungsgemäß ausgeschlossen sein. Alle erzielten Überschüsse fließen, soweit sie nicht zur Bildung eines Gemeinschafts-Grundvermögens und eines Grundstocks für unvorhergesehene Ausgaben dienen, an die der Gemeinschaft Angeschlossenen, entsprechend den von ihnen erworbenen Rechten zurück ... Die Gemeinschaft übt ihren Mitgliedern gegenüber keinerlei Glaubens- oder Gewissenszwang aus. Sie verlangt von jedem, der sich ihr anschließen will, die Versicherung, daß er aufrichtig das Gute wolle, das Wohl der Gemeinschaft und aller Gemeinschaftsmitglieder erstrebe und daß er sich zur Innehaltung aller ihm durch seinen Anschluss erwachsenden Obliegenheiten verpflichte."

So schälten sich immer deutlicher die Umrisse des künftigen Werkes heraus. Das Echo auf Kropps Ankündigungen war ermutigend. Auf der Jahresversammlung des „Schwäbischen Gauvereins gegen den Alkoholismus" im Herbst 1920 in Heilbronn hielt er seinen ersten öffentlichen Vortrag über die „Gemeinschaft der Freunde", deren Gründung unmittelbar bevorstehe. Kühn behauptete er: „Niemand von Ihnen hat eine Ahnung davor, welche gewaltigen Ausmaße das Werk annehmen wird, aber niemand von Ihnen kann sich auch nur annähernd vorstellen, welchen gewaltigen Angriffen dieses Werk ausgesetzt sein wird."

Das waren prophetische Worte, wie sich in den folgenden Jahren erweisen sollte, doch zunächst galt es, nach dem Leitmotiv „Werke, nicht Worte – Taten, nicht Tinte", das über einem zweiseitigen Prospekt prangte, das Vorhaben zu verwirklichen.

Für den 10. Mai 1921 rief Kropp seine Freunde zur Gründung eines Vereins zusammen. Im kleinen Saal des Evangelischen Hospizes Herzog Christoph in Stuttgart berieten sie eine von dem Ludwigsburger Rechtsanwalt Dr. A. Daniel entworfene Satzung. Schon in der nächsten Versammlung am 22. Juli 1921 konstituierte sich der Verein „Gemeinschaft der Freunde" unter dem Vorsitz von Kropp endgültig. Anwesend waren zwölf Mitglieder, darunter Robert Ankele, der Leiter der Stuttgarter Postkrankenkasse, mit dem Kropp schon seit 1905 in der Trinkerfürsorge zusammengearbeitet hatte, und die württembergische Landtagsabgeordnete Mathilde Planck. Im Gründungsdokument sucht man zwar die Wörter „Bausparen" oder „Bausparkasse" noch vergeblich, doch war der Vereinszweck eindeutig klargestellt: „Die Gemeinschaft der Freunde ist ein Verein, der auf rein gemeinnütziger, bodenreformerischer Grundlage die Schaffung von Wohngelegenheiten und Altersheimen für die Allgemeinheit erstrebt" (§ 1).

Die konkreten Pläne der „Gemeinschaft der Freunde" vom Jahre 1921 lehnten sich, von ihrer bodenreformerischen Ausgangsbasis ausgehend, noch recht stark an die Ziele der Gartenstadt-Bewegung an: Man wollte vor allem in der Nähe von Großstädten Einzelheim-Siedlungen für Arbeiter und Angestellte schaffen. Darüber hinaus hoffte der Verein, für den Bau von Altersheimen und Kleinrentner-Siedlungen durch die Ausgabe von „Grund- und Hausschuld-Briefen" weiteres Kapital aufbringen zu können. Grundsätzlich sollten zwei verschiedene Wege zur Erreichung dieses Zieles führen: der eine, noch ganz durch bodenreformerisches Gedankengut geprägt, sah vor, daß der Siedler nur ein lebenslanges, vererbbares „Nutzungs- und Besitzrecht" an dem ihm überlassenen Haus erhalten sollte, also kein Eigentum erwarb. Der andere Weg stand denen offen, die schon eigenen Grund und Boden besaßen und gewisse Barleistungen erbringen konnten. Die Mittel für die von der „Gemeinschaft der Freunde" zu bauenden Wohnungen und Siedlungshäuser sollten insbesondere durch die Zahlung eines einmaligen „Einkaufsgeldes" in Höhe von einem halben Prozent des Wertes der für den einzelnen geschaffenen Anlagen sowie durch die Entrichtung eines „Sicherheitsbeitrages" von etwa einem Zehntel bis einem Achtel dieses Wertes aufgebracht werden.

Schon dieser erste Schritt – wenngleich noch nicht ganz durchgedacht und in vielen Einzelheiten unklar – war insofern erfolgreich, als er Kropp und seinen Mitstreitern den Beweis dafür lieferte, dass sie mit der Art und Weise, wie sie Wohnungsnot, Wucherzinsen und Bodenspekulation zu Leibe rücken wollten, auf dem richtigen Wege waren. Sie stießen in der Öffentlichkeit auf beträchtliches Interesse. Robert Ankele, nach Konstituierung des Vereins offizieller Schatzmeister, berichtete, daß sich binnen weniger Monate 96 ernsthafte Eigenheimbewerber meldeten, 900.000 Mark Grund- und Hausschuldbriefe gezeichnet wurden und 100.000 Mark Bargeld einging.

Freilich: im Jahre 1921 war die „Gemeinschaft der Freunde" aus mancherlei Gründen nicht in der Lage, die Ziele, die sie sich gesetzt hatte, zu erreichen. Viele ihrer Projekte wirkten unausgegoren, improvisiert, zuweilen sogar überspannt – gewiss auch mit eine Folge von Kropps oft überschäumender Phantasie und Lust am Pläneschmieden. Vor allem aber war die turbulente Entwicklung der Geldentwertung nicht vorauszuberechnen. Im Sommer 1921, zur Zeit der Vereinsgründung, wurde die Mark mit sieben Pfennigen bewertet, Ende 1921 nur noch mit zwei Pfennigen. Dabei war das erst der Anfang der Talfahrt der deutschen Währung. Am Ende notierte sie gegenüber dem Dollar mit 4,2 Billionen Papiermark.

Kropp und seine Freunde taten in dieser Situation das klügste, was sie tun konnten: Sie zahlten die bisher eingegangenen Spargelder, teilweise unter beträchtlichen persönlichen Opfern, schleunigst zurück. Die „Gemeinschaft der Freunde", argumentierte Kropp, müsse auf ihre Reputation bedacht sein und das Vertrauen ihrer Anhänger ungeschmälert behalten, wenn das Werk jemals weitergeführt werden solle.

Daran zweifelte Kropp selbst in diesen düsteren Monaten keinen Augenblick. Wie sicher er seiner Sache war, zeigte sich daran, daß er im April 1922, als die Inflation ihrem Höhepunkt zustrebte, seine Stellung bei dem Heilbronner Verlag kündigte, um sich ganz seinem Vorhaben zu widmen. Er brauchte Zeit, die praktische Umsetzung seiner Grundidee zu überdenken und zu verbessern. Das Haus in Wüstenrot bot ihm ein Dach überm Kopf, der Garten und der Acker das Nötigste zum Leben. So fühlte er sich nicht nur in allem, was er bisher gedacht und gepredigt hatte, durch seine eigene tägliche Erfahrung in dieser Notzeit bestätigt; er konnte auch in Ruhe sein Konzept eines kollektiven Bausparsystems ausklügeln.

Es ist in diesem Zusammenhang oft die Frage gestellt worden, ob Kropp gewusst hat, daß in England und Amerika seit langem Bausparkassen existierten. Eine eindeutige Antwort darauf gibt es nicht. Man weiß lediglich, daß er, vermutlich im Jahre 1906, Upton Sinclairs Roman „Der Sumpf" gelesen hat, in dem beschrieben ist, wie eine arme Familie mit Hilfe einer „Building an Loan Association" auf Abzahlung ein Eigenheim erwirbt. Es ist auch nicht auszuschließen, daß er einige Fakten über die englischen Bausparkassen kannte, deren Geschichte bis in das Jahr 1775 zurückreicht; einige deutsche Autoren, darunter Friedrich Engels, hatten darüber geschrieben. Wirklich fundierte und umfassende Kenntnisse scheint er aber nicht besessen zu haben, denn sonst hätte er wohl manchen Fehler, den er später machte, vermieden.

Gewiss ist, daß er bei seinen Plänen schon immer von einem gemeinsamen und gebündelten Einsatz der Finanzierungsmittel für den Bau von Eigenheimen ausgegangen war. Unter „Hilfe zur Selbsthilfe" verstand er nicht allein das „Sich-unabhängigmachen" vom Staat, sondern auch die Hilfe durch die Gemeinschaft von Gleichgesinnten. Sein neuer Plan sah vor, alle Sparer seines Werkes zu Gruppen von jeweils 100 Personen zusammenzufassen, sie zu regelmäßigen Sparleistungen in eine gemeinsame Kasse zu verpflichten und immer dann, wenn auf diese Weise die Baukosten für ein Eigenheim angesammelt waren, diese Summe innerhalb der Gruppe des „Sparerkollektivs", auszulosen. Kropp war sich darüber klar, daß bei diesem Konzept nur wenige glückliche Sparer rasch zum Ziel kommen würden, doch er argumentierte dagegen zu Recht, daß auch der letzte von ihnen früher sein Haus würde finanzieren können als es ihm möglich gewesen wäre, wenn er allein, ohne die Hilfe seiner Mitsparer, versucht hätte, das Geld aufzubringen.

In vielen Gesprächen mit seinen Freunden gelang es ihm, deren Zweifel und Bedenken zu zerstreuen und sie, trotz der wenig erfreulichen Erfahrungen aus dem Jahre 1921, für einen Neuanfang auf der Grundlage seines neues Konzepts zu gewinnen. Als abzusehen war, daß durch die Einführung der Rentenmark vom 15. November 1923 die Sanierung der Währung gelingen würde, lud Kropp die 29 Mitglieder des Vereins zu einer Sitzung ein, in der die Wiederaufnahme der Arbeit beschlossen werden sollte. Am Nachmittag des 16. Februar 1924 traf man sich im alkoholfreien Speisehaus „Silberner Hecht" in Stuttgart. Da zwischen Einladung und Sitzungstermin lediglich fünf Tage lagen, war die Versammlung schwach besucht. Nur zehn Mitglieder kamen, darunter Mathilde Planck und Robert Ankele. Sie teilten Georg Kropps Optimismus keineswegs: schließlich besaß der Verein nicht einen Pfennig Geld. Kropp entfaltete seine ganze Beredsamkeit und Überzeugungskraft. Er verwies auf die bedrückende Wohnungsnot, auf den Mangel an günstigen Finanzierungsmitteln, auf die Unfähigkeit des Staates, dieser Probleme Herr zu werden. Die „Gemeinschaft der Freunde" indessen sei berufen, die Menschen für den Gedanken der Selbsthilfe zu gewinnen. Das „Gegeneinanderleben" müsse aufhören und durch ein „Füreinander" ersetzt werden. Nach und nach gelang es ihm, seine Zuhörer zu überzeugen und einen Beschluss durchzusetzen, auf dessen Grundlage der Verein eine „Bausparkasse" ins Leben rufen, „Bausparer" werben und eine Zeitschrift herausgeben sollte. Der 16. Februar 1924 ist damit der „Geburtstag" des deutschen Bausparens.

Schon wenige Wochen später erschien das erste Heft der Zeitschrift „Mein-Eigen-Heim" mit dem Aufruf: „Jeder Familie ein eigenes Heim." Kropp selbst hatte ihn verfasst. Er wies auf die herrschende Wohnungsnot und die bevorstehende Aufhebung der Zwangsmietsverordnungen hin und schrieb: „Mit Zwangsgesetzen ist nichts gebessert. Das ‚Selbst ist der Mann' muss wieder Vollwert bekommen, und nur der Zusammenschluss solcher wahrhaft Wollender wird vielen das eigene Heim bescheren können." Die Lösung der Eigenheim- und Wohnfrage sei durch die „Gemeinschaft der Freunde" möglich. Auf dreizehn Druckseiten wurde sodann die Arbeitsweise der neuen Spareinrichtung ausführlich dargestellt und mit Rechenbeispielen belegt. Danach war die Gründung einer rein kollektiven Selbsthilfeorganisation vorgesehen. Die Mitglieder sollten in Jahresgruppen zusammengefasst werden; Sparen und Darlehensgewährung waren als Funktionen eines zwischen Bausparer und Bausparkasse geschlossenen Bausparvertrags konzipiert, der dem Bausparer bestimmte regelmäßige Sparzulagen vorschrieb. Die Spareinlagen würden mit 3 Prozent verzinst, die Darlehensschuld sollte mit einem von 7 Prozent auf 5 Prozent abgleitenden Zinssatz bezahlt werden. Alljährlich wollte man durch Auslosung feststellen, welchen Sparern aus dem gemeinsam aufgebrachten Kapital die vereinbarte Bausparsumme ausgezahlt werden sollte. Der Kreislauf der Spar- und Tilgungsleistungen innerhalb des „Kollektivs" würde die Bausparer von den Zinsschwankungen und der Unergiebigkeit des Kapitalmarktes weitgehend unabhängig machen.

Bei einer kritischen Prüfung der gesamten Konzeption aus heutiger Sicht wird schnell deutlich, dass vieles daran noch nicht richtig durchdacht war und manche Fragen offenblieben. Auch die empfindlichste Schwachstelle des Systems, die Wartezeit, war erkennbar. Und doch: hier zeigte einer den Weg aus der Not, hier rief ein Mann zum Handeln auf, hier fand sich eine Gemeinschaft zusammen, die etwas bewegen wollte.

Am 7. April 1924, wenige Tage nach dem Erscheinen des Aufrufs, wurde der erste Bausparvertrag in Deutschland abgeschlossen. Er gehörte dem Heidenheimer Eisenbahnoberinspektor Johannes Rau und lautete über 12.000 Goldmark. Und noch im selben Jahr, am 11. Juni, weihte die „GdF" das erste mit ihrer Hilfe finanzierte Haus ein. Der Postautofahrer Josef Kümmel, ebenfalls aus Heidenheim, war der erste Bausparer, dem seine Bausparsumme von 10.000 Mark „zugeteilt" worden war. Von nun an wuchs die Zahl derer, die der „Gemeinschaft der Freunde" beitraten, rasch. Nach dreizehnmonatiger Tätigkeit zählte die Bausparkasse 916 Bausparer, die Verträge über 14,3 Millionen Goldmark abgeschlossen hatten; 141 von ihnen erhielten in dieser Zeit ihr Darlehen zum Bau eines eigenen Hauses.

Zweifellos war dieser überraschende, von der Fachwelt für unmöglich gehaltene Erfolg vor allem Georg Kropps Verdienst. Ohne seine Energie, ohne seine mitreißende Führung wäre das Werk wohl kaum über seine Ansätze hinausgekommen. Er fungierte als „geschäftsführender" Vorstand, alle Fäden liefen bei ihm zusammen. Seine wichtigste Aufgabe bestand zunächst darin, eine Verwaltungsorganisation aufzubauen, um mit der lawinenartig ansteigenden Flut der Posteingänge fertig zu werden und eine ordnungsgemäße Buchhaltung einzurichten. Es fehlte an allem; weder Telefon noch Schreibtisch noch Rechenmaschine waren vorhanden, sondern mussten erst beschafft werden. Auch die zunächst ehrenamtlichen Helfer aus dem Freundeskreis konnten die Arbeit nicht mehr bewältigen. Die ersten Mitarbeiter wurden eingestellt; einer von ihnen berichtete: „In einer kleinen Wohnung, die einschließlich der Küche aus drei Räumen bestand und der Familie Kropp zur Wohnung diente, wurde gegessen, gearbeitet und geschlafen. Bald arbeiteten in dem einzigen Wohnraum acht Personen. An unserem gemeinsamen Mittagstisch … war der Humor gerade so wie der Hunger zu Gaste."

Man lebte wie in einer großen Familie zusammen. Kropp war die Rolle des Patriarchen auf den Leib geschnitten. Für die jungen Mitarbeiter gab es keinen Zweifel darüber, wer ihr Meister war. Er strahlte die Autorität eines Mannes aus, der an seine Berufung, an seinen Auftrag glaubte. Die Mitarbeiter selber, eine selbstlose, ihm ergebene Schar, waren davon überzeugt, einer Sache von überragender Bedeutung zu dienen; sie fühlten sich durchaus als Pioniere einer sozialpolitischen Idee, als „dienende Glieder eines großen Werkes", wie es später einer von ihnen ausdrückte. Wenn heute außer Zweifel steht, daß ohne Kropps mitreißende Energie die Bausparkasse schwerlich über ihre Anfänge hinausgekommen wäre, so muss angefügt werden, dass der Gründer ohne seine ihm ergebene, opferbereite junge Mitarbeiterschar wohl ebenfalls kaum Erfolg gehabt hätte.

Kropps größte Leistung in dieser Gründungsphase lag auf dem Gebiet der Werbung. Er verfasste die Prospekte, schrieb die Zeitungsartikel, korrespondierte mit den Bausparern; er war es in erster Linie, der dafür sorgte, daß der Name des kleinen Dorfes Wüstenrot bald in aller Munde war. Wie ein Missionar, der er ja ursprünglich auch einmal werden wollte, reiste er im Lande herum, um in Reden und Gesprächen für das Bausparen, für seine „Gemeinschaft der Freunde", Anhänger zu gewinnen. Sein rhetorisches Talent und sein selbstbewusstes Auftreten faszinierten. Über den ersten großen Vortrag im Gustav-Siegle-Haus in Stuttgart berichtete einer seiner Zuhörer: „Er sprach glänzend und hinreißend. Auch hier sprang er mitten im Vortrag ... zur größten Begeisterung der zahlreichen Anwesenden ohne Anlauf auf den vor ihm stehenden Tisch, um zu zeigen, daß man auch ohne Alkohol und Nikotin ein ganzer Kerl sein kann ..."

Dass die von Wüstenrot ausgehenden Impulse so viel Wirkung zeigten, war freilich auch mit auf die allgemeine ökonomische und soziale Situation jener Zeit zurückzuführen. Der Kapitalmarkt lag total darnieder, der Wohnungsbau nicht minder. Bei einer Gesamtbevölkerungszahl von 60 Millionen Menschen im damaligen Reichsgebiet betrug der jährliche Rohzugang an Wohnungen nur rund 130.000; der Reinzugang an Wohnungsneubauten machte in den Jahren zwischen 1920 und 1924 noch nicht einmal die Hälfte der Friedensproduktion aus.

Auch die politischen und wirtschaftlichen Erschütterungen ließen den Wunsch vieler Menschen nach einem Eigenheim immer stärker werden. Ein ganzes Volk befand sich auf der Flucht in die Sachwerte. Das eigene Dach über dem Kopf und der eigene Boden unter den Füßen schienen nach den bösen Erfahrungen der Inflation wertvoller als alle Banknoten. Zur Inflation und zur Eigenheimbewegung trat als dritte, mächtige Triebfeder für die Entwicklung des Bausparegedankens die sich allgemein verstärkende Neigung zum Zwecksparen hinzu. Man sparte nicht mehr unbedacht und absichtslos, sondern mit einem vornherein bestimmten Ziel.

Alles in allem: der Boden war vorbereitet, das soziale und wirtschaftliche Umfeld aufgeschlossen, der Augenblick günstig, als Georg Kropp zur Tat schritt. Mit einem Buchhalter, einer Kontoristin und zwei einheimischen Hilfskräften hatte Kropp seine Arbeit begonnen; er selbst und einige seiner Mitstreiter, der Postamtmann Robert Ankele und der Sparkassendirektor a. D. Spingler, waren ehrenamtlich tätig. Der rasche Aufschwung zog beträchtliche organisatorische Probleme nach sich; vor allem fehlten Büroräume für die Mitarbeiter. Mit Zustimmung der Gemeinde Wüstenrot wurden deshalb im Rathaus drei Zimmer ausgebaut – eine Behelfslösung, die nicht lange hielt. Zum Glück bot ein aus Wüstenrot stammender Hamburger Fabrikant seine am Dorfrand gelegene „Villa Daheim" zum Verkauf an; die Bausparkasse fand darin, samt der Familie Kropp, Unterkunft, bis der Bau von zwei (heute noch erhaltenen) Holzhäusern möglich war, die Verwaltung und Geschäftsführung aufnahmen. Doch auch die neu eintretenden Mitarbeiter brauchten Wohnung.

Kropp kaufte von der Gemeinde ein großes Grundstück zum Preis von 11,6 Pfennigen für den Quadratmeter und ließ drei Wohngebäude errichten. Viele Angestellte wurden in den Bauernhäusern des Ortes oder der umliegenden Dörfer untergebracht. Die Bausparkasse gewährte den Hausbesitzern, die Zimmer zur Verfügung stellten, zinslose Darlehen von 250 Reichsmark. Beträchtliche Schwierigkeiten verursachte die mangelhafte Post- und Verkehrsverbindung ebenso wie die unzulängliche bürotechnische Ausstattung. Auch ein gewandterer, routinierterer Verwaltungsfachmann als Kropp hätte Mühe gehabt, für die 10.000 Bausparer, die im ersten vollen Geschäftsjahr 1925 zur GdF stießen, eine perfekte Büroorganisation aufzubauen.

Ein wichtiger Schritt war, daß die Mitgliederversammlung des Vereins im November 1925 eine neue Satzung beschloss, die zur

Bildung eines neunköpfigen Aufsichtsrats mit Kropp als Vorsitzender führte. Gleichzeitig legte er sein Amt als geschäftsführender Vorstand nieder: an seine Stelle wurde der Landgerichtsdirektor a. D. Max Speidel aus Heilbronn berufen. Die andere bemerkenswerte Änderung der Satzung betraf das Abrücken von der ursprünglichen bodenreformerischen Grundhaltung des Vereins. Der Zweck des Vereins, so hieß es jetzt, „ist die Beschaffung der Mittel zum Bau und Erwerb von Eigenheimen, Altersheimen und anderen gemeinnützigen Bauwerken". Besonders betont wurde neuerlich, daß das Vereinsvermögen ausschließlich zur Befriedigung der Bausparer zu verwenden sei und daß den Vereinsmitgliedern keinerlei Ansprüche daran zuständen. In diesem Sinne führt die Bausparkasse GdF Wüstenrot bis auf den heutigen Tag das Prädikat „gemeinnützig" in ihrem Firmennamen.

Der geschäftsführende Vorstand Speidel sah als Jurist seine vordringlichste Aufgabe in der rechtlichen Ausgestaltung der Bausparverträge, Bausparbedingungen und Darlehensurkunden. Die innere Konsolidierung des jungen Wüstenroter Unternehmens erwies sich schon deshalb als dringend erforderlich, weil sich mittlerweile die Kritiker und Gegner des Werkes formiert hatten, die Kropp und seinen Freunden bis ins kleinste bewiesen, warum und weshalb ihr kollektives Bausparsystem zum Scheitern verurteilt sei. Viele dieser Angriffe entsprangen einem verständlichen Misstrauen gegen diese neue Spareinrichtung mit dem merkwürdigen Namen, andere waren ausgesprochen bösartig. Am wenigsten konnte es verwundern, daß die klassischen Realkreditinstitute, die sich plötzlich einem neuen Wettbewerber am Markt gegenübersahen, zu den eifrigsten Widersachern gehörten. Sie empfanden die „Gemeinschaft der Freunde", die mit ihrem kollektiven Sparsystem die Gesetze und Spielregeln des Marktes zu missachten schien, als Außenseiter ohne Zukunft.

Auch bei den staatlichen Behörden machte sich Unbehagen breit. Zwar waren die Erfolge der Bausparkasse augenfällig, auch ließ sich nicht bestreiten, daß Monat für Monat Eigenheime mit Baudarlehen der GdF finanziert wurden, doch konnte man in Stuttgart die Aufforderung, endlich einzugreifen und Maßnahmen gegen das Bausparen zu treffen, auf die Dauer nicht überhören. Das württembergische Ministerium des Innern erklärte im Januar 1926, der Geschäftsbetrieb des Vereins „mangele der erforderlichen gesetzlichen Grundlage" und drohte mit dem Verbot. Da die Aktion des Innenministeriums einige taktische und juristische Schwächen aufwies und Kropp andererseits dickschädelig auf seinem Standpunkt beharrte, drohte der Streit zu einem handfesten Konflikt auszuarten.

In der Presse, in Kampfschriften und Vortragsveranstaltungen wehrten sich Kropp und seine Mitstreiter heftig gegen die Vorwürfe und Beschuldigungen mit dem in ihren Augen nicht zu widerlegenden Hinweis auf ihre uneigennützige Handlungsweise und auf ihren Erfolg im Jahr 1926 traten wiederum 11.000 Bausparer dem Wüstenroter Werk bei, 723 Bausparer erhielten Baudarlehen in Höhe von 12,8 Millionen Reichsmark. Das war doch in der Situation, in der sich Kapitalmarkt und Wohnungswirtschaft befanden, ein ermutigendes Zeichen!

So dachte Kropp nicht im Traum daran, das begonnene Werk aufzugeben. Er war überzeugt, auf dem richtigen Weg zu sein. Auch die Regierung besann sich eines Besseren und gab zu erkennen, daß sie kein Interesse daran habe, dem jungen Unternehmen zu schaden. Innenminister Dr. Bolz rückte von dem Vorprellen seiner Beamten ab und ließ verlauten, man verfolge in der Landesregierung mit größtem Interesse die ganze Bewegung, die, wie es wörtlich hieß, „auf überaus gesunden und begrüßenswerten Gedanken" beruhe. In Wüstenrot sah man in der elastischeren Haltung des Ministers ein Entgegenkommen. Man akzeptierte, daß ein von der Regierung bestellter Prüfer das Unternehmen unter die Lupe nahm und schlug sogar Nutzen daraus. Denn das Ergebnis der überaus gründlichen Untersuchungen trug zu einem Stimmungsumschwung im Ministerium bei. Der Prüfer, ein landesweit bekannter Bilanzfachmann und Professor an der Technischen Hochschule Stuttgart, wurde nicht nur selbst Bausparer, sondern trat auch in den Aufsichtsrat ein. Das war eine glänzende Rechtfertigung für Kropp, Speidel und die junge Mannschaft; man erklärte sich ohne weiteres bereit, die Forderung der Landesregierung zu erfüllen, den eingetragenen Verein, der bisher die Treuhand-Bausparkasse betrieben hatte, in eine Gesellschaft mit beschränkter Haftung umzuwandeln. Schon am 21. Mai 1926 wurde der neue Gesellschaftsvertrag vorgelegt. „Gegenstand des Unternehmens", so heiß es darin, „ist die Beschaffung und Verwaltung der Mittel zum Bau und Erwerb von Eigenheimen, Altersheimen und anderen gemeinnützigen Bauwerken". Daneben blieb der Verein bestehen, der seit 4. Dezember 1927 den Namen „Deutscher Eigenheimverein Gemeinschaft der Freunde Wüstenrot e. V." trägt und heute noch entscheidend an der Willensbildung der Organe der Bausparkasse mitwirkt.

Die gesellschaftsrechtliche Konsolidierung der „Gemeinschaft der Freunde" 1926 wurde durch bauspartechnische und betriebswirtschaftliche Verbesserungen ergänzt, die, nach dem gesundheitsbedingten Ausscheiden von Speidel, ein neu bestellter Vorstand einleitete. Dieser setzte sich aus dem bisher bei einer Landesbehörde tätigen Beigeordneten a. D. Dr. Hermann Schuon, dem aus den Reihen des Aufsichtsrats kommenden Notar Bernhard Oechslin und dem Bürochef Heinrich Haas zusammen. Im Kern ging es bei den angestrebten Neuerungen darum, an die Stelle der bisher üblichen Baugeldverlosungen ein möglichst gerechtes Verteilungsverfahren zu setzen. Kropp, dem Vorstand und sachkundigen Männern aus dem Aufsichtsrat gelang es, anhand der praktischen Erfahrungen die bis dahin noch weitgehend unbekannten bausparttechnischen Zusammenhänge so weit zu klären, daß das Zuteilungsverfahren in seinen mathematischen Grundlagen entscheidend verbessert werden konnte: Es wurde ein Zeit-mal-Geld-System eingeführt, bei dem die Zuteilung des Baugeldes nach Maßgabe des von dem Bausparer durch seine Sparleistungen und ihre Liegezeit erworbenen Sparverdienstes erfolgte. An der sogenannten Vollfinanzierung, bei der die Bausparkasse das gesamte für ein Bauvorhaben erforderliche Leihkapital bereitstellte, änderte sich nichts. Allerdings waren damit bei weitem noch nicht alle kritischen Punkte der Bausparttechnik geklärt. Die komplizierten betriebswirtschaftlichen und mathematischen Zusammenhänge gaben auch in den folgenden Jahren immer wieder Anlass zu hitzigen Diskussionen, an denen sich Kropp, oft heftig und unduldsam, mit Ausdauer beteiligte.

Bald beschäftigte die „Gemeinschaft der Freunde" ein neues Problem: Wüstenrot wurde zu eng. Ende 1928, knapp vier Jahre nach der Gründung der Bausparkasse, beschäftigte das Unternehmen bereits 230 Mitarbeiter, für die weder die Büroräume noch die Wohnunterkünfte in dem kaum 500 Seelen zählenden Dorf oder in den benachbarten Orten ausreichten. Der Geschäftsbetrieb litt darunter, auch unter den Angestellten machte sich Missmut breit. Kein Wunder, wenn sich unter diesen Umständen Vorstand und Aufsichtsrat nach einem geeigneteren Verwaltungssitz umsahen. Allein Kropp und seine engsten Vertrauten vertraten die Meinung, daß man auch in Wüstenrot bauen könne, und sträubten sich gegen einen Wegzug.

Wahrscheinlich lag der Grund für Kropps Widerstreben tiefer. Für ihn war die „Gemeinschaft der Freunde" kein leerer Begriff; vielmehr glaubte er – zumindest damals noch – daran, dass die Bausparer, die dem von ihm gegründeten Werk beitraten, eine wirkliche Gemeinschaft bilden sollten, in der sich wesentliche lebensreformerische Ziele verwirklichen ließen. Er sah nicht oder wollte nicht sehen, daß dieses Idealbild nicht zu realisieren war, wenn Jahr für Jahr mehr als 10.000 neue Bausparer der GdF beitraten, die allein den Wunsch hatten, durch das kollektive Bausparen zu einem eigenen Heim zu kommen. Diese Menschen verfolgten ganz realistische Ziele; sie wollten ihr Spargeld zweckvoll anlegen, verständnisvoll betreut und beraten werden. Wenn überhaupt, dann erst in zweiter Linie interessierten sie sich für die weltanschauliche Grundhaltung der „Gemeinschaft der Freunde."

Trotzdem muss hervorgehoben werden, daß sich in den Anfangsjahren zwischen Bausparern und Bausparkasse Beziehungen herausbildeten, die oft emotional geprägt und sehr wohl von der Einsicht bestimmt waren, daß hier Tausende von Menschen, einig in ihrer Zielsetzung, am gleichen Strang zogen. In vielen Städten und Dörfern entstanden Ortsgruppen der Gemeinschaft der Freunde", in denen die Verbindung mit Wüstenrot gepflegt wurde. Oft traten dort Kropp und seine Mitstreiter als Redner auf, und der Gründer der GdF versäumte bei solchen Gelegenheiten nie, auf die segensreiche Bedeutung des eigenen Heimes für Familie und Volk, Geist und Gesundheit hinzuweisen. In der Zeitschrift „Mein Eigenheim", in der regelmäßig die Namen und Anschriften der „zugeteilten" Bausparer veröffentlicht wurden, meldete sich Kropp häufig mit mahnenden Aufrufen, gefühlvollen Betrachtungen und Gedichten, seltener mit geschäftlich-nüchternen Mitteilungen zu Wort. (Das überließ er meist dem Vorstand.) Bausparen war für ihn und viele seiner Anhänger mehr als ein gewöhnlicher wirtschaftlicher Vorgang.

Umso mehr musste es ihn treffen, daß das Unternehmen, das in seiner Pionierphase noch mit patriarchalischer Autorität allein zu lenken gewesen war, nunmehr eigene, rationale Organisationsformen entwickelte. Damit geriet es zwangsläufig in Widerspruch zu seinem Gründer, der bald vor die Alternative gestellt wurde, in seiner „Gemeinschaft der Freunde" weiter eine relativ kleine, von lebensreformerischen Vorstellungen geprägte Gruppe zu sehen, oder als Bausparkasse in eine wirtschaftliche Größenordnung hineinzuwachsen, in der diese weltanschaulichen Bezüge zwangsläufig in den Hintergrund treten mussten. Bei dem Konflikt zwischen Kropp und der Geschäftsführung um die Verlegung des Verwaltungssitzes ging es also um mehr, nämlich um die künftige Gestalt des Bausparens, um die Anerkennung ökonomischer und gesellschaftlicher Realitäten. Als auch viele Mitglieder des Aufsichtsrates gegen Kropps Willen für den Wegzug von Wüstenrot votierten, weil für die nunmehr 40.000 Bausparer bessere Betreuungsmöglichkeiten geschaffen werden müssten, kam es zum Bruch. Zwar wurde er zunächst nach außen hin noch nicht deutlich, doch hat ihn Kropp nie verwunden. Er fühlte sich gekränkt, es war schmerzlich für ihn zu sehen, wie seine „Gemeinschaft der Freunde", sein Lebenswerk, immer mehr seinen Händen entglitt.

Die weiteren Entscheidungen fielen rasch. Von der Stadt Ludwigsburg lag ein attraktives Angebot vor, auch Heilbronn bemühte sich, wenngleich halbherzig, um das Unternehmen. Am 29. August 1928 trat der Aufsichtsrat zu seiner entscheidenden

Sitzung zusammen. Kropp war nicht erschienen. Unter dem Vorsitz seiner alten Mitstreiterin Mathilde Planck beschloss das Gremium, den Firmensitz nach Ludwigsburg zu verlegen und wählte den Stuttgarter Kaufmann David Reinhardt gleichzeitig zum neuen Aufsichtsratsvorsitzenden. Der Gründer der „Gemeinschaft der Freunde" und Initiator des deutschen Bausparens stand damit nicht mehr an der Spitze seines eigenen Werkes. Er hatte sich nicht durchsetzen können, er war an den Erfordernissen einer modernen Unternehmungsführung, aber auch an seinem eigenen Starrsinn gescheitert. Denn unter betriebswirtschaftlichen Gesichtspunkten war der Beschluss gewiss notwendig. „Wir müssen als Männer handeln", sagte einer der Diskussionsredner in jener Sitzung, „die das Geschaffene erhalten, sichern und mehren wollen." Bei allem Respekt vor Kropp müsse sich der Aufsichtsrat in erster Linie gegenüber den vielen tausend Bausparern verantwortlich fühlen.

Georg Kropp mochte sich nicht mit dieser Entwicklung abfinden, war aber Realist genug um zu sehen, daß er, nachdem er den Vorsitz im Aufsichtsrat verloren hatte, immer weniger Einfluss auf den Gang der Dinge nehmen konnte. So versuchte er, zum Teil auf recht unglückliche Art, der nunmehrigen Leitung der GdF am Zeug zu flicken. An Kampfgeist hatte es ihm ohnehin nie gefehlt. Jetzt beflügelte der Zorn über das ihm angetane Unrecht seine nächsten Aktionen. Er kritisierte das von der Verwaltung angewandte Zuteilungsverfahren, das durch die Auflagen der Landesregierung „kapitalistisch" geworden sei. Er warf der Geschäftsführung vor, gegen den Geist der alten „Gemeinschaft der Freunde" zu verstoßen, und oft genug schoss er dabei über das Ziel hinaus. Im stillen bereitete er die Gründung einer neuen Bausparkasse vor. Am 25. Juli 1930 kündigte er seinen Rücktritt als Vorsitzender des Deutschen Eigenheimvereins und als Mitglied des Aufsichtsrats der GdF an und schied endgültig aus seinem Werk aus.

In den folgenden Jahren boten die Beziehungen zwischen Kropp und seinem selbstständig gewordenen Unternehmen kein sehr erfreuliches Bild. Man schenkte sich nichts, prozessierte sogar. Zu frisch waren die Wunden, die der Bruch geschlagen hatte. Genützt hat dieser auch in der Öffentlichkeit ausgetragene Streit freilich niemandem, wohl aber geschadet, denn es konnte nicht ausbleiben, dass dadurch der Bauspargedanke allgemein in Mitleidenschaft gezogen wurde.

Am 30. August 1930 gründete Kropp in Wüstenrot die „Neue Bausparkasse GmbH", von ihm zweifellos als Konkurrenzunternehmen zu seiner alten „Bausparkasse Gemeinschaft der Freunde Wüstenrot" gedacht, die mittlerweile ein modernes Verwaltungsgebäude in Ludwigsburg bezogen hatte. Es spricht manches dafür, daß der Schritt von langer Hand vorbereitet war. So fehlte es nicht, wie bei der Gründung von 1924, an einem gewissen Anfangskapital. Vor allem aber vertraute Kropp auf die Anziehungskraft seines Namens, auf das Ansehen, das er als der Vater des Bausparens in Deutschland noch immer genoss.

Zunächst hatte es den Anschein, als ob sich die Erwartungen, die er an die „Neue Bausparkasse" (NBK) knüpfte, erfüllen würden. Das Unternehmen entwickelte sich gut, der Neuzugang an Bausparern konnte sich sehen lassen, wozu freilich auch eine großzügige Gewährung von Zwischenkrediten beitrug. Allein in der Auswahl seiner engsten Mitarbeiter hatte Kropp keine glückliche Hand. Der von ihm eingestellte Geschäftsführer, ein ehemaliger Stadtbankdirektor aus Siegen, erwies sich als ausgesprochener Missgriff. Waren schon Kropps administrative Fähigkeiten für den Betrieb einer großen Verwaltung schwach ausgebildet (wie sich bereits bei der GdF gezeigt hatte), so erwiesen sich diejenigen seines Mitgeschäftsführers als absolut unzulänglich. Als sich herausstellte, dass die Buchhaltung über die Verpflichtungen aus den Zwischenkreditzusagen fehlerhaft war, kam es zu heftigen Auseinandersetzungen, die wiederum in der Öffentlichkeit, zum Teil sogar in Bausparerversammlungen, ausgetragen wurden. Man machte sich gegenseitig Vorwürfe, rechnete wirkliche und vorgebliche Fehler gegeneinander auf. Auch Kropp, der ohnehin zur Rechthaberei neigte und die Schuld bei anderen suchte, blieb nicht ungeschoren und musste sich vorhalten lassen, daß er die Zwischenkreditpolitik der NBK mit zu verantworten habe.

Die Schwierigkeiten, die hauptsächlich auf einer schlimmen, aber anfangs nicht absolut bedrohlichen Fehleinschätzung der Lage im Aktivgeschäft der Kasse beruhten, versetzten der NBK einen harten Stoß. Vollends kritisch wurde es für das Unternehmen aber, als die mit ihren eigenen Misshelligkeiten zu sehr beschäftigte Geschäftsführung es versäumte, die von der Aufsichtsbehörde geforderten rechtlichen Formalitäten fristgemäß zu erfüllen. Als der Antrag auf Zulassung zum Geschäftsbetrieb, der nach einem vom Reichstag beschlossenen „Gesetz über die Beaufsichtigung der privaten Versicherungsunternehmungen und Bausparkassen" einzureichen war, nicht rechtzeitig vorlag, war der NBK automatisch die Rechtsgrundlage für ihre Tätigkeit entzogen. Zwar gelang es Kropp, in einer Senatsentscheidung die Zulassung nachträglich zu erreichen, doch erholte sich die Kasse von dem Debakel nicht mehr. Das Neugeschäft ging zurück, das Vertrauen in die „Neue Bausparkasse" ließ sich, auch als der zweite Geschäftsführer entlassen worden war, nicht wieder herstellen.

Kropp versuchte nun, mit der gemeinnützigen Stiftung „Invalidendank" in Berlin, die unter der Schirmherrschaft des Reichspräsidenten Hindenburg stand, eine Verbindung einzugehen, um die NBK aus ihrer Misere herauszuführen. Dabei geriet er vom Regen in die Traufe: Es stellte sich – glücklicherweise noch bevor der Vertrag unterschrieben war – heraus, daß der Geschäftsführer der „Invalidendank" betrügerische Absichten verfolgte und sich lediglich eine Geldquelle erschließen wollte. Der „Neuen Bausparkasse", Kropps zweiter Gründung, war nicht mehr zu helfen. Ein Senat des Reichsaufsichtsamts in Berlin verfügte die Liquidation. Die Bausparer kamen einigermaßen glimpflich davon, denn der Vertragsbestand der NBK wurde auf die öffentliche Bausparkasse Württemberg in Stuttgart übertragen.

Später, als seine Enttäuschung über die missglückte Unternehmung abgeklungen war, hat Kropp in Gesprächen eingestanden, daß die Neugründung eine Art Trotzreaktion gewesen war. In seinem Zorn darüber, daß ihm die GdF Wüstenrot die Gefolgschaft versagte, hatte er ein Wagnis unternommen, das wohl auch mit an ihm selbst scheiterte. Der Lorbeer der zwanziger Jahre hatte ihn blind gemacht für das Erkennen seiner Grenzen; auch der eigene Erfolg lässt sich nicht nachahmen.

Fortan war es still um Kropp. Er lebte zurückgezogen in Wüstenrot, dessen Ehrenbürger er wurde, ging seinen vielfältigen botanischen Neigungen nach, empfing Besucher, alte Freunde zumeist. Die persönlichen Bindungen zu der nunmehr in Ludwigsburg ansässigen GdF waren trotz der starken sachlichen Gegensätze nie ganz abgerissen. Nie stand bei denen, die sein Werk fortführten (und dies höchst erfolgreich taten), die Achtung vor der lauteren Gesinnung und der historischen Leistung des Gründers in Zweifel. Die Bausparkasse Gemeinschaft der Freunde Wüstenrot war sich stets bewusst, wie viel sie Georg Kropps Tatkraft und Ideenreichtum verdankte.

Als 1934 in der Stuttgarter Liederhalle die Zehnjahresfeier stattfand, war Kropp unter den Ehrengästen, und die Festredner würdigten seine Verdienste um das deutsche Bausparwesen, dem sich mittlerweile rund 325.000 Menschen verbunden fühlten. Es gab jetzt 59 endgültig zum Geschäftsbetrieb zugelassene Bausparkassen im Reich und 15 öffentliche Kassen, die – meist als rechtlich unselbstständige Abteilungen der regionalen Sparkassen- und Giroverbände – eingerichtet worden waren. Kropps Wüstenroter Werk hatte eine bis zum Jahr 1931 immer stärker werdende Gründungswelle ausgelöst, in deren Verlauf über 400 Bausparunternehmungen entstanden, zum großen Teil Nachahmungen des Kroppschen Beispiels. Zum Teil auch mit eigenem Gepräge. Den meisten fehlten die personellen, fachlichen und finanziellen Voraussetzungen zum Betrieb einer Bausparkasse, manche waren schlicht auf Betrug angelegt. Kropp wetterte in Wort und Schrift gegen die unseriösen Geschäftemacher, doch lag es natürlich außerhalb seiner Macht, diese Entwicklung zu verhindern. Hier war der Staat aufgerufen, regulierend einzugreifen.

So wenig Kropp die Gründungswelle verhindern konnte, so wenig konnte er es verhüten, daß im Zuge der Machtübernahme durch die Nationalsozialisten das Gedankengut, das dem kollektiven Bausparen zugrunde lag, von den Ideologen des Dritten Reiches aufgegriffen wurde. So dienten etwa die niedrigen Darlehenszinsen, die durch das kollektive Bausparsystem ermöglicht wurden, dazu, die sogenannte „Brechung der Zinsknechtschaft", die im nationalsozialistischen Wirtschaftsprogramm gefordert wurde, zu illustrieren. Das Bild von der Familie, die auf einem Stück eigener Erde ihr Haus baut, passte vorzüglich zur „Blut-und-Boden-Gesinnung" der neuen Machthaber. Der neue Württembergische Ministerpräsident, Professor Mergenthaler, schrieb: „In dem Bauspargedanken will eine Idee Wirklichkeit werden, die durch und durch verwandt ist mit den Zielen, die sich auch die nationalsozialistische Bewegung gesteckt hat. Wir brauchen zur Erneuerung Deutschlands ein bodenverbundenes Volk mit ausgeprägtem Heimatsinn, denn Blut und Boden sind die tragenden Pfeiler des Dritten Reichs. In den Mietskasernen der deutschen Großstädte sind diese Grundlagen zerstört worden. Eigenheime in Licht und Luft und Sonne in Gottes freier Natur müssen mithelfen, ein heimatverbundenes, an Leib und Seele gesundes Geschlecht zu schaffen."

Georg Kropp auf seinem Altenteil in Wüstenrot musste die Übernahme vieler seiner Grundgedanken in die nationalsozialistische Ideologie umso mehr mit äußerst gemischten Gefühlen betrachten, als den schönen Worten zunehmend böse Taten folgten. Mit dem heraufziehenden Krieg kam der Eigenheimbau vollends zum Erliegen. Und schon vorher, in den sechs Jahren bis zum Ausbruch des Zweiten Weltkrieges, gab es immer wieder Versuche, die Existenzberechtigung der Bausparkassen in Frage zu stellen. Einflussreiche Parteileute, insbesondere in der Führung der „Deutschen Arbeitsfront", entpuppten sich als scharfe Gegner der Bausparkassen. Sogar noch in den Kriegsjahren musste die Geschäftsführung der GdF Wüstenrot in Ludwigsburg um den Fortbestand ihrer Bausparkasse bangen und sich in Berlin energisch gegen Auflösungspläne und Intrigen zur Wehr setzen.

Kropp erlebte das Ende des Zweiten Weltkriegs nicht mehr – auch nicht den Wiederaufbau des zerstörten Landes, zu dem die Bausparkassen einen überragenden Beitrag leisteten. Er war in der Nacht vom 21. zum 22. Januar 1943 im Alter von 77 Jahren an einem Herzversagen gestorben. In Wüstenrot, dessen Namen er bekannt gemacht hat, liegt er begraben.

Kropps prunkloser Platz in der deutschen Wirtschafts- und Sozialgeschichte ist, wenn man die Wirkungen seiner Gründung bedenkt, einigermaßen verwunderlich. Immerhin hat er mit seiner „Gemeinschaft der Freunde" die Keimzelle des modernen Bausparens in Deutschland geschaffen, die später zum Grundstock eines bedeutenden Wirtschaftszweiges wurde, dem mittlerweile Millionen Menschen in unserem Lande ihr eigenes Haus, ihre eigene Wohnung verdanken.

Quellen und Veröffentlichungen: Aus Armut zum Wohlstand, zweite erweiterte Auflage. Wüstenrot 1926. – Der Michel, Georg Kropps neuer, allegemeiner vaterländischer Volkskalender. Heilbronn Jg. 1919-23. – Deutsche Kriegs-Chronik des großen Völkerkampfes, gesammelt und bearbeitet von Georg Kropp. Ludwigshafen, 5 Bände. 1914-18. – Mein-Eigen-Heim, Amtliches Mitteilungsblatt der Gemeinschaft der Freunde e. V., hrsg. von Georg Kropp. Wüstenrot 1924.

Literatur: Wilhelm Keil, Bausparkasse Gemeinschaft der Freunde Wüstenrot. Ludwigsburg 1951. – A. Krahn und B. Kaltenboeck, Das deutsche Bausparen. Berlin o. J. – Eberhard Langer, Eine Idee setzt sich durch. Ludwigsburg 1965. – Adolf Reitz, Georg Kropp, Der Führer der neuen deutschen Eigenheim-Bewegung. Weinsberg 1926.

Wichtige Mitteilung der Gemeinschaft der Freunde.

An Alle, die sich bisher an uns wandten und sich um Teilnahme an unsern Altersheimen, Kleinrentnerheimen u. Siedelungen bewarben.

Endlich können wir mit unserer praktischen Arbeit beginnen; wenn wir bisher auf mancherlei Anfragen nicht antworteten, so lag es daran, daß wir mit unseren Vorbereitungen noch nicht so weit vorgeschritten waren. Jetzt haben wir für unsere Eigenheime, auch für kleinere Gemeinschaftshäuser, für Kleinrentner und ältere Leute, die sich zu Arbeits= und Lebensgemeinschaften zusammenschließen wollen, ein geeignetes Modell bezw. ein vielseitig anwendbares Bausystem, das sich beträchtlich billiger wie die bisherige Bauweise stellt.

Ebenso stehen wir im Begriff, zwei größere Güter für ländliche Siedelungen im südlichen Württemberg, einige für unsere Zwecke geeignete größere Gebäude im mittleren und nördlichen Württemberg zu erwerben, sowie Werkstätten zur Herstellung unsere Heime einzurichten. Nun müssen wir wissen, in welcher Weise und in welcher Höhe Sie sich bei uns beteiligen wollen, damit wir darüber unterrichtet sind, welche Kapitalien uns für den Anfang zur Verfügung stehen.

Die Nachfrage nach unserer gemeinnützigen Hilfstätigkeit ist eine derartig allgemeine, daß eine Rentabilität außer allem Zweifel steht, umsomehr, da die Arbeit der leitenden Personen nicht nur ohne jeden persönlichen Gewinn, sondern vorläufig völlig ehrenamtlich geschieht, und weil uns für die praktische Ausführung unserer Arbeit nun ebenfalls Kräfte zur Verfügung stehen, die nicht jene Entlohnungen beanspruchen, wie sie sonst üblich sind, sondern in aufrichtigem Opfersinne sich uns im Interesse der großen Hilfeleistung zur Milderung der Kleinrentner= und Wohnnot anbieten.

Die uns angebotenen Anwesen sind für heutige Verhältnisse sehr vorteilhaft zu erwerben, aber wir müssen so schnell wie möglich wissen, wie viel Geld uns zur Verfügung steht. Gegen die bei uns geleistete Kapitaleinzahlung erhalten die sich uns anschließenden Geldgeber unser $4\frac{1}{2}$ proz. Grund= und Hausschuldbriefe, die innerhalb 30 Jahren ausgelost werden und zur Rückzahlung kommen. Die Auslosung beginnt im 6. Jahr nach der Einzahlung. Wir bitten Sie Ihre nochmalige Anmeldung bei der unterzeichneten Geschäftsstelle, Ihre Einzahlung aber bei unserem **Generalschatzmeister Herr Oberpostinspektor Rob. Ankele, Stuttgart, Silberburgstr. 80**, zu machen. Kann die Einzahlung der uns zur Verfügung gestellten Summen nicht sofort erfolgen, so bitten wir um Mitteilung bis wann oder in welchen Terminen die Einzahlung erfolgen soll.

Wir sind, sobald diese Käufe geregelt, in der Lage, in aller Kürze einige Familien (auch Landwirte) und ebenso eine Anzahl alleinstehender älterer Ehepaare und Einzelpersonen (Kleinrentner) aufzunehmen, und können, sowie unsere Werkstätteneinrichtung fertig, mit der regelmäßigen Herstellung von Eigenheimen, mit der Einrichtung ländlicher, gartenstadtmäßiger und städtischer Siedelungen und mit der Herstellung weiterer Gemeinschaftshäuser für Kleinrentner und ältere Personen dann auch in der Nähe der Städte beginnen.

Je schneller Sie sich jetzt zur praktischen Teilnahme entschließen, je früher können wir auch Ihnen ein Ihren Wünschen entsprechendes Heim und soweit Sie darauf Wert legen, auch Erwerbsmöglichkeiten verschaffen. Wir bitten um Ihren umgehenden Bescheid.

Mit herzlichem „Grüß Gott"   Hochachtungsvoll

Die Geschäftsstelle der Gemeinschaft der Freunde
Heilbronn a. N.

Eine Tasse Thee nur 2½ Pfennig

denn:

Ein 100 Gramm Paket des

G. d. F.

Gesundheits-Familien-Thee
gibt 250–300 Tassen

und kostet nur sechs Mark.

Dieser Thee ist nicht nur ein vorzügliches tägliches Frühstücks- und Abendgetränk, sondern sein täglicher Gebrauch bewirkt eine äußerst zarte, reine Gesichtshaut, weil die meisten Hautunreinigkeiten bei seinem regelmäßigen Genuß bald verschwinden.

Man bezieht ihn vom Laboratorium der

Gemeinschaft der Freunde Heilbronn a. N.

Ein 100 Gramm Paket kostet 6 Mark.
Gegen Voreinsendung von M. 12.— Franko-Zusendung von 2 Paketen, 8 (acht) Pakete franko Mark 40.—
Für den Weiterverkauf: 1 Postpaket = 40 Pakete franko einschließlich Packung Mark 170.—

Nachnahmebezug verteuert bedeutend, deshalb wird um Voreinsendung gebeten.

Eine Bitte. Die Gemeinschaft der Freunde beabsichtigt bei Ausland-Deutschen für ihre Sache auf mannigfachste Weise zu werben, auch durch Verkauf dieses vorzüglichen deutschen Familienthees. Wir sind jedem dankbar der uns Anschriften von Ausland-Deutschen recht bald übersendet. Versäumen Sie nicht dies so schnell wie möglich zu tun. Wir danken im voraus.

Verkaufen Sie diesen Thee an Ihre Bekannten!

Verlangen Sie diesen Thee in allen Lebensmittelgeschäften!

Jeder Familie ein Eigenheim!

Die großen Erfolge des Werkes
der
Gemeinschaft der Freunde
Luftkurort Wüstenrot (Württ.)

äußern sich darin, daß in der ersten Zeit ihrer praktischen Tätigkeit d. h. in 11 Monaten, von März 1925 bis Februar 1926

bereits rund 200 Bausparer

das Geld zum Bau oder Erwerb ihrer Eigenheime im Betrage von

$3\frac{1}{4}$ Millionen Reichsmark

zu dem billigen Zins von nur 5 % zuzüglich Tilgung in unkündbaren Tilgungshypotheken bereit gestellt erhielten.

Anfang Februar 1926 verfügte die Gemeinschaft der Freunde über einen

Barbestand von 3 Millionen Reichsmark

angelegt bei etwa 100 öffentlichen Sparkassen.

Wie zufrieden unsere Bausparer sind, zeigen die Urteile auf der nächsten Seite.

Geschäftsführender Vorstand der G. d. F.: Landesgerichtsdirektor a. D. Speidel, Heilbronn a. N.

Mitglieder des Aufsichtsrates: Landtagsabgeordnete Mathilde Planck, Beuren OA. Nürtingen.

Postamtmann Rob. Ankele, Vorstand der Württembergischen Postkrankenkasse Stuttgart.

Bürgermeister Chr. Bitter, Rohrbach bei Heidelberg.

Sanitätsrat Dr. med. Carl Briegleb, Worms a. Rh.

Pfarrer Emmerich Eder, Lehental bei Kulmbach.

Direktor Wilhelm Hartmann, Stuttgart.

Bezirksnotar Bernhard Oechslin, Heidenheim a. Brenz.

Fabrikant David Reinhardt, Stuttgart.

Vorsitzender des Aufsichtsrates: Georg Kropp, Wüstenrot, Begründer der Gemeinschaft der Freunde.

Millionen von Kunden vertrauen uns.

Es ist kein Zufall, dass man uns als Wiege des Bausparens bezeichnet. Als älteste Bausparkasse Deutschlands erfüllen wir seit mehr als 90 Jahren Wohnträume vieler Millionen Menschen. Diese Tradition macht uns stolz – und ist zugleich der Grundstein für eine erfolgreiche Zukunft. Erfahren und mit zukunftsweisenden Bausparprodukten sind wir gerne Ihr verlässlicher Begleiter auf dem Weg ins eigene Heim. Träumen Sie mit uns Ihren Traum und vertrauen Sie unserer verantwortungsbewussten Beratung.

Innovative Energieversorgung der emw

nach Georg Kropps Vorbild:

„Taten nicht Tinte, Werke nicht Worte"

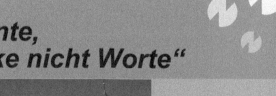

emwstrom der Energieversorgung Mainhardt Wüstenrot wird zu 50 % in effizienten Erdgas-Blockheizkraftwerken mit Kraft-Wärme-Kopplung und zu 50% aus regenerativen Energien erzeugt. Dabei werden 137 g/kWh CO_2 (im Bundesdurchschnitt 508 g/kWh) frei und es entsteht kein radioaktiver Abfall.

Wir gestalten die Energiewende mit und für unsere Bürger!
Energieversorgung Mainhardt Wüstenrot GmbH & Co KG, Hauptstr. 1, 74535 Mainhardt. emw-energie

Leben...
in der ... Wohl-Fühl Gemeinde
WÜSTENROT

ir freuen uns auf Sie!

fos unter:
el. 0 79 45/91 99-0
ww.gemeinde-wuestenrot.de

ir bieten attraktive Wohn-
d Gewerbeflächen inmitten
elfältiger Freizeitmöglichkeiten.
milienfreundliche Bauplatzpreisstaffelungen auf Anfrage.

. oder einfach nur **Urlaub** machen!

„Wir fühlen uns wohl in Wüstenrot!"

ausparmuseum

Bauplätze
Tel. 07945 9199-50

Familienfreund-
liche Betreuungs-
möglichkeiten